Begavet?

LISE VARNUM

Begavet?

- Sådan bruger du din intelligens til din fordel

Forlag: BoD · Books on Demand GmbH, Strandvejen 100, 2900 Hellerup
Tryk: Libri Plureos GmbH, Friedensalle 273, 22763 Hamborg, Tyskland
ISBN: 9788743051268

Indhold

1. INDLEDNING 7

2. HVORFOR PASSER JEG IKKE IND? 11

3. DE BEGAVEDE BØRN 17

4. HVAD ER BEGAVELSE? 25

5. HVEM ER JEG? 37

6. DET SOCIALE 49

7. IQ OG JOBS 70

8. FØLELSER OG TANKER 80

9. HOLDNINGER OG HUMOR 95

10. STUDIEVANER OG IQ SOM TABU 105

11. PSYKISK VOLD OG DIAGNOSER 111

12. MOTION OG BEGAVELSE 119

13. IQ-TESTS OG IQ I ANDRE LANDE 124

14. PERSONLIGHEDER OG STUDIE 133

15. FORHOLD   141

16. MODSÆTNINGER   150

17. SELVVÆRD   160

18. LIVSGLÆDE   167

19. POSITIV TÆNKNING   170

20. TAKNEMMELIGHED   183

21. AFKLARING   187

LITTERATURLISTE   194

1. Indledning

Hej! Jeg hedder Lise, og jeg tilhører de øverste fem procent på intelligens-skalaen. Så, nu er bomben kastet! Hjælp! Nu, hvor jeg siger det højt, kan jeg næsten høre de imaginære råb: *"Lise, hvem tror du, du er? Skal vi finde tomaterne frem?"* Hvor meget buksevand skal jeg mon være klar på nu? Og hvor mange *"Tsk, hun lyver!"* skal jeg høre, når jeg sådan råber højt om min intelligens? Jeg har aldrig fortalt om den til nogen før. Ikke engang til min datter. Og hun er også ligeglad – hun er kun 6 år, og hun er mest optaget af, om hun kan få mere is.

Nogle har nok gættet det gennem årene, men jeg tror bestemt også, at flere har tænkt, at jeg ikke havde så meget at rykke rundt med på øverste etage. Hvad nu, hvis folk synes, jeg er hæslig, fordi jeg har sagt det højt? Er der forpligtelser og ansvar forbundet med at indrømme sådan noget? Og hvad hvis jeg ikke kan leve op til dem? Lad os lige få én ting på det rene: Du skal ikke ringe til mig for at få hjælp til brøker. Jeg er ikke noget matematikgeni. Det behøver man nemlig ikke være for at have en høj IQ. Men mere om det senere. Nu er du advaret!

Hemmeligheder, lærdom og fifs

Jeg har besluttet at dele min hemmelighed og min bog med dig, fordi den kan give dit liv et spark i den rigtige retning. Hvis du hører til blandt de mest krøllede hjerner blandt de øverste fem procent, så er denne bog som skabt til dig! Selv hvis du har børn, der svæver på toppen af de intellektuelle hitlister, så er der også noget at hente her. Jeg ruller den røde løber ud for min egen historie og nogle af mine erfaringer, mens du får indsigt i, hvad det egentlig vil sige at være blandt de bedst begavede – og hvilke sjove, frustrerende og til tider fuldstændig uforståelige ting, det kan føre til. Men hold nu fast! Det bliver bedre: Jeg giver dig også en hel håndfuld tricks til, hvordan du kan bruge din fantastiske superhjerne til at få et sjovere, rigere og mere meningsfuldt liv. Jep, du læste rigtigt! Denne bog er lidt som en skattekiste fyldt med geniale tips og tricks til dig og dine skarpe tanker. Alt du skal gøre er at åbne den, kigge skattene igennem og sørge for at bruge dem.

Før denne bog har jeg udgivet tre andre. Jeg har blandt andet skrevet om, hvordan jeg endte i et forhold præget af psykisk vold og manipulation. Min historie var skamfuld, og jeg holdt den hemmelig i mange år. Jeg følte, at jeg udstillede min egen svaghed og dumhed. Jeg frygtede konsekvenserne ved at udgive den – ville min ekskæreste læse den og begynde at stalke mig igen? Ville han gøre mig noget? Det viser sig, at der kun er én ting, der for mig er mere angstprovokerende end at udstille min egen dumhed: At udstille min egen begavelse.

At skrive og udgive denne bog har derfor været en endnu større udfordring end den første. Måske lyder det tosset, eller måske ved du, hvad jeg taler om. Jeg kunne godt selv have brugt en bog som denne, da jeg var yngre og kæmpede med mit selvværd og med at forstå mig selv. Derfor giver jeg min frygt den længste af mine fingre og udgiver den alligevel. Den kan nemlig hjælpe dig med at få en større selvforståelse og til at leve dit bedst mulige liv. Jeg fortæller endda også, hvad du kan gøre for at hjælpe dig selv, dine børn, din ægtemand, kone eller andre, du kender, som er blandt de bedst begavede. Hvis du nogensinde har følt dig anderledes, overintelligent eller bare nysgerrig på, hvad det egentlig vil sige at være blandt de bedst begavede, så er du kommet til det rigtige sted.

Forskelligheder

Vi er ikke alle skabt med samme forudsætninger, uanset hvad folk siger. Vi er forskellige, og det er faktisk ret fedt. I dag er det helt normalt at tale om psykiske sygdomme eller om at være homoseksuel. Ingen så meget som blinker over ADHD eller talent for akvareller. Men siger du, at du har en høj IQ, bliver det ofte set som blær. Folk tvivler måske på, om du taler sandt, og synes, det er mærkeligt at nævne det. Måske begynder de også at lange ud efter IQ-tests generelt. Jeg har set dette i utallige kommentarspor og hørt folk tale grimt om dem, der skilter med deres evner. Jeg siger ikke, at det er alle, der tænker sådan - men jeg tør godt vædde på, at en hel del gør!

Vi lever i et samfund, hvor Janteloven er lige så populær som fredagsslik, og det er stort set forbudt at tale om begavelse og intelligens. Folk har generelt meget mere sympati for dem, de ved, der har det lidt svært, end for dem, der stikker næsen frem og siger, de er skarpere end gennemsnittet. Derfor kan det ærlig talt være lidt trist at være i toppen. De bedst begavede er ikke ude efter medlidenhed, men det ville da være rart at slippe for hadefulde kommentarer og mistroiske blikke, der gør begavelse til et kæmpe tabu.

Mange vil gerne have, at vi alle er ens, men virkeligheden er nu engang anderledes. Nogle er højere, nogle har krøllet hår, og ja, nogle er bare lidt mere begavede end andre. Hvorfor må vi ikke tale om det lige så åbent som alt andet? Jeg nægter i hvert fald at være med til at gøre det til et tabu. Niks og nej tak! Jeg har tænkt mig at sige det alligevel, så jeg ignorerer de negative røster og udgiver denne bog. Der findes et væld af mennesker med evner, jeg slet ikke besidder, og det fascinerer mig. Jeg elsker at møde folk, der er klogere end mig selv – det er en sand fornøjelse! Det her handler ikke om at prale, men om at stå ved, hvem jeg er, selvom jeg godt ved, at det kan føre til både latter og udstødelse. Det handler også om at hjælpe dig, din familie og dine venner med at forstå deres egen begavelse og bruge den til deres fordel. For ja, vores intellekt kan faktisk drille os og få os til at snuble over vores egne tanker, hvis vi ikke passer på.

Nå, det må være opvarmning nok! Nu begynder vi for alvor. Vi starter med en tur tilbage til min egen skoletid, hvor jeg som barn prøvede at navigere i den skøre verden af læring og lektier. Herefter hopper vi ind i et kapitel om de små genier – de begavede børn – og lige bagefter et dyk ned i IQ-universet, hvor vi kigger på, hvad der egentlig kendetegner høj intelligens hos voksne. Men det er kun begyndelsen! Bogen bliver et skønt miks af mine egne oplevelser, af det som andre kloge hoveder har fortalt mig og en masse andre guldkorn, der kan booste din viden. Vi dykker også ned i de lidt mere hemmelige hjørner af det at have høj IQ, som tabuer, det sociale liv, skyggesider og kærlighedslivet, og så hvordan det påvirker karrieren og uddannelsen. Og der er mere endnu! Vi kaster os nemlig også over lidt mere eksotiske emner som begavede menneskers mærkelige madvaner og særlige musiksmag. Alt sammen krydret med masser af tips, tricks og vejledning undervejs. Det bliver en vild, sjov, lærerig og spændende rejse, fyldt med aha-oplevelser – glæd dig! Og god læselyst!

2. Hvorfor passer jeg ikke ind?

Nu skal det handle om matematikgenier - og så om mig. For jeg er nemlig ikke en del af den klub! Til gengæld er jeg ekspert i at have følt mig anderledes, så længe tilbage jeg kan huske.

Kender du det der med at føle sig som en vingummi i en pose fyldt med lakridser? Som en pære blandt ene af æbler i en frugtskål? Eller som en enhjørning midt i blandt en flok zebraer? Eller bare at føle, du altid stikker lidt ud? Det gør jeg i hvert fald. Jeg har brugt lang tid på at tænke over hvorfor. Er det min høje begavelse? Min opvækst? Eller bare fordi, jeg er lidt sær? Jeg tror, det er en kombination. Vores personlighed og begavelse hænger uløseligt sammen. Jeg har ofte prøvet at adskille de to og finde ud af, hvad der er hvad, men det er umuligt! Min personlighed er formet af min begavelse, og omvendt. Jeg ville ikke have den personlighed, jeg har, hvis ikke jeg havde min begavelse, fordi så mange træk i personligheden stammer fra begavelsen. Omvendt kan begavede folk også have virkelig forskellige personligheder. En høj IQ i sig selv er hverken en fordel eller en ulempe. Det kan være begge dele, afhængigt af hvordan du lærer at håndtere det. En høj begavelse kan være en kæmpe superkraft, men det kan også være udfordrende, fordi du tænker anderledes end gennemsnittet. Derfor kan du komme til at føle dig ensom, alene og nogle gange endda dum.

En følelse af at være speciel

Lige siden jeg kan huske, har jeg følt mig anderledes. I familien var jeg den skæve, i skolen den mærkelige, og blandt vennerne, ja, der passede jeg heller ikke rigtigt ind. Jeg havde svært ved at finde min vej i livet, fordi jeg ikke havde nogen at spejle mig i. Idoler eller forbilleder? Ikke rigtig.

Min mor siger, jeg kunne tale, da jeg var et år. Jeg var vild efter at komme i skole for at lære at læse og skrive. Jeg var så skoleklar! Da jeg stadig ikke havde lært noget de første par dage i børnehaveklassen, var jeg ved at give op. Hvorfor skulle vi lege, når jeg kom for at lære? Men da vi så endelig gik ordentligt i gang, lærte jeg hurtigt at læse og skrive. Jeg kunne ikke forstå, at de andre børn kæmpede så meget. Tidligt i skolen følte jeg, at jeg var foran. De andre børn var barnlige, deres humor og opførsel umoden, og de fleste ting gik langsommere for dem. Måske lyder det tarveligt, men det var sådan, jeg følte det! De kæmpede med opgaverne og med skolearbejdet, mens jeg ikke behøvede at anstrenge mig. Jeg forstod ikke, hvorfor de andre havde svært ved at stave, eller hvorfor de syntes, at opgaverne var svære. Jeg følte mig unik og vidste, at jeg havde en fordel. Det var ikke helt dumt. Jeg følte mig sær og speciel på den fede måde, og jeg var god til at bruge mine evner til min fordel.

Selvom jeg stak ud, trivedes jeg socialt og legede med alle. Skolearbejde var nemt, og alt gik glat. Livet var herligt! Indtil det altså pludselig begyndte at gå ned ad bakke for mig. Senere i livet kom jeg til at kæmpe med det hele og følte, at min begavelse blev min fjende. En række begivenheder gjorde, at jeg kom til at føle mig som en alien, der var landet på den forkerte planet, og jeg mistede mine sociale evner og lyst. Jeg fik også udviklet nogle skrækkelige studievaner og måtte kæmpe mig gennem gymnasiet, seminariet og universitetet, fordi lektier aldrig havde været en vane. Mere om det senere.

På skolebænken

Inden jeg kom i skole, var jeg ellevild for at lave lektier. Tanken om at arbejde med noget derhjemme var spændende. Men årene gik uden, at jeg behøvede det – jeg lavede altid alting i timerne eller om morgenen inden skolen startede. Jeg forstod ikke, hvorfor de andre børn måtte lave skolearbejde derhjemme, eller hvorfor deres forældre skulle læse med dem. De skulle hele tiden spørge læreren, om det var rigtigt, det de lavede. Sommetider blev jeg utålmodig af at arbejde sammen med dem, når de hele tiden skulle spørge læreren og havde så dårlig selvtillid.

Jeg følte, at jeg skulle vente på dem, og at jeg hele tiden måtte holde mig tilbage. Jeg vidste godt, det ikke var noget, jeg kunne give udtryk for, hvis jeg stadig gerne ville have nogen at lege med i frikvartererne. Selvom jeg prøvede at skjule min utålmodighed, tror jeg alligevel, de andre børn til tider fandt mig irriterende at være sammen med, fordi jeg var så sikker på mig selv og ikke havde brug for bekræftelse. Jeg rettede også konstant deres stavefejl – hvilket de tydeligvis ikke så som nogen hjælp. Derfor stoppede jeg hurtigt med det, selvom det var svært. Jeg ville bare gerne hjælpe dem til at stave rigtigt.

I starten af skolegangen var jeg aktiv i timerne, læste højt og svarede på spørgsmål. Men jeg lærte hurtigt at skrue ned for entusiasmen, da jeg følte, de andre børn fandt det irriterende. Jeg blev mere og mere følsom over for deres syn på mig og endte med at tie stille i timerne. Forældrene fik derefter at vide til utallige skolesamtaler, at jeg skulle være mere aktiv, men jeg ville ikke være hende den irriterende, og jeg begyndte også at frygte at sige noget forkert.

En dag skrev læreren "pålæg" på tavlen, og jeg rakte hurtigt hånden i vejret og spurgte, om det ikke skulle være med dobbelt l. Sådan lød det nemlig. Det var naturligvis forkert, og jeg skammede mig så meget over det, at jeg husker det klart over 30 år senere. Alle de andre ting jeg havde sagt rigtigt, var glemt i det øjeblik. Jeg besluttede, at jeg kun ville tale, når jeg var 100% sikker på, at jeg havde ret. Perfektionisme og høje forventninger til sig selv er i det hele taget ret normalt, når man er godt begavet. Det vender jeg tilbage til.

Nogle gange skulle vi lave tests i dansktimerne, og det var som en fest for min indre konkurrenceånd. Skulle jeg lave en fejl, var det kun på skrift, så ingen kunne høre det! Testene gik ud på at læse et ord og krydse af ved det rigtige billede, og det hele foregik på tid. Når man var færdig, rakte man hånden op, og læreren samlede opgaven ind og noterede tiden. Jeg var altid den første, der var færdig – lynhurtig som en ninja. Jeg kunne næsten ikke trække vejret af nervøsitet over, at nogen måske ville overhale mig. Men det skete aldrig. Faktisk kunne jeg altid nå at kede mig lidt og få pulsen tilbage på normalt niveau, før nummer to rakte hånden op. Til de tests, husker jeg, at jeg begyndte at spekulere over, hvorfor alt gik så meget lettere og hurtigere for mig end for de andre børn.

Selvtillid og skoleindsats

Som barn havde jeg en masse fritidsinteresser, som jeg skiftede rundt imellem som en ivrig shopper på udsalg. Jeg var ret god til det meste, men jeg nåede altid at hoppe videre til næste hobby, inden jeg blev rigtig god til den første. Min selvtillid var i top. Jeg var vant til at være den hurtigste og bedste i timerne og til at have ret, så jeg troede virkelig meget på mig selv. Det vil sige, indtil jeg begyndte at føle, at jeg måtte holde mig selv tilbage for ikke at irritere andre, eller fordi jeg var bange for at sige noget forkert i klassen. Ellers var jeg frygtløs. Jeg var ikke bange for at tage på lejrskole som lille eller stille mig op foran hele skolen og holde taler. Jeg kunne snakke med hvem som helst og prøve hvad som helst.

I skolen var dansk helt klart mit bedste fag. De andre fag fangede mig simpelthen ikke. I de små klasser var jeg også god til matematik, men da jeg blev ældre, forstod jeg ikke længere meningen med det hele. Hovedregning kunne jeg se pointen i, men hvorfor skulle jeg kunne udregne arealet af et klasseværelse eller omkredsen af en fodboldbane? Og ligninger? Hvad skulle jeg nogensinde bruge dem til i den virkelige verden? Ingen lærere forklarede mig formålet, så jeg gad heller ikke gøre en indsats.

Min indsats i alle de andre timer end matematik blev også ringere og ringere, og jeg udviklede vildt dårlige studievaner. Skolen var kedelig og nem, og jeg var så vant til at komme sovende til det hele, at jeg slet ikke opdagede, at jeg var ved at komme bagud. Da det endelig gik op for mig, begyndte jeg at miste min faglige selvtillid. Hvorfor var det hele ikke så nemt længere? Hvorfor havde jeg følelsen af, at de andre elever indhentede mig? Hvorfor gik det ikke længere så godt i mine danskafleveringer? Var jeg blevet dårlig? Som barn havde jeg følt mig klog og begavet. Var jeg ikke det længere? Havde jeg mistet mine evner? Jeg overvejede flere gange at tage mig sammen i skolen, men jeg gad simpelthen ikke. Jeg ville hellere klare mig igennem med halvdårlige karakterer end at lave skolearbejde. Det var ikke det, jeg var vant til. Hvorfor ændre noget, der havde fungeret fint indtil nu? Jeg behøvede jo heller ikke nødvendigvis være den bedste, vel?

Matematikgenier

Når man hører "højtbegavet," tænker mange sandsynligvis straks på en matematisk mester. Jeg var selv skyldig i den antagelse på et tidspunkt! Men høj begavelse betyder altså ikke nødvendigvis, at du er et tal-geni. Høj IQ kan betyde hurtig forståelse og læring af komplekse emner, men hvis matematik ikke tænder din gnist eller begejstring, kan du være næsten lige så udfordret som enhver anden. Det handler i høj grad om interesse og dedikation. Omvendt behøver det, at du er god til matematik heller ikke betyde, at du er højtbegavet. At være god til matematik kræver ofte stærke analytiske og logiske evner. Og det kan komme både fra naturlige evner og hård træning. Du kan have en matematisk hjerne uden at være højtbegavet, lige som du kan være højtbegavet uden at være en mester i tal. Nogle mennesker har en naturlig flair for at knække matematiske gåder, men det betyder ikke, at de har en superhøj IQ. De kan have lært det gennem flid og god undervisning. Matematiske færdigheder er kun én facet af menneskelig intelligens. Godt, så fik vi styr på matematikdelen: Du kan være en matematikguru uden at være Einstein, og du kan være et geni uden at elske Pythagoras.

3. De begavede børn

Nu kommer vi til det med de skønne børn! Begavede børn kan både være på overarbejde og på underarbejde på én og samme tid. lyder det som en gåde? Læs med her og få svaret på, hvorfor de kan køre på både turbo og tomgang samtidig!

Udvikling af dårlige studievaner ses ofte hos højtbegavede børn. Når skolearbejdet er for let, mangler de udfordringerne til at udvikle sunde studievaner og problemløsningsteknikker. Resultatet? De lærer aldrig at arbejde hårdt og vedholdende. Understimulerede børn begynder at kede sig, og motivationen forsvinder hurtigere end en chokoladeis på en varm sommerdag. Dette fører til dårlige akademiske resultater hos børn, der egentlig har potentialet til at være små genier og levere gode akademiske resultater. Forældre og lærere skal derfor være opmærksomme på disse udfordringer og støtte børnene i deres udvikling. Heldigvis er der kommet mere fokus på højtbegavede børn i skolen. En ekspertgruppe arbejder på at udvikle værktøjer, så lærerne kan opfylde det nye krav om, at børn, der udviser tegn på høj begavelse, skal tilbydes en screening i første klasse. [1] Men for at lærerne skal kunne spotte de højtbegavede børn, kræver det en opgradering af deres viden om emnet. Man skulle ellers tro, at høj begavelse var let at spotte – en elev, der altid løser avancerede matematikopgaver med et smil på læben, ikke? Desværre er det ikke altid så ligetil. I stedet for at sidde stille og lave deres skoleting, kan begavede børn, der ikke bliver stimuleret, begynde at udvise problematisk adfærd. Uden udfordringer kan de kede sig så meget, at de begynder at sidde at kaste papirkugler efter kammeraten foran. Hvis de ikke forstår målet med det, de skal lave, kan de begynde at diskutere eller lave alt andet end skolearbejde. Det er nok ikke den type adfærd, de fleste lærere forbinder med høj begavelse.

---

[1] Folkeskolen.dk 2023: Lærere skal hjælpe højtbegavede børn

Selvom jeg tidligere har været i tvivl om, hvorvidt jeg egentlig er højtbegavet, har mit hjerte alligevel altid banket for dem, der er mere begavede end gennemsnittet. Det lyder måske skørt, men jeg føler en særlig empati for de begavede - nok fordi jeg bedre kan sætte mig ind i deres tankegang. De fleste synes tilsyneladende ikke, at højtbegavede behøver særlig hjælp eller støtte. Kommentarspor om begavelse gør mig ofte frustreret, da de sommetider grænser til mobning. Folk virker uvidende om tegnene på høj begavelse og forstår ikke de udfordringer, det kan medføre – især hvis man ikke bliver stimuleret på den rette måde. De bedst begavede kan føle sig som en Ferrari fanget i en 30 km/t-zone – konstant underpræsterende og frustrerede. Selv Ferrarier har brug for vejledning, vedligeholdelse og den rette benzin. Hvis ikke de bedst begavede bliver stimuleret korrekt, risikerer de at køre surt i skolen, miste interessen og udvikle dårlige studievaner.

Mange mennesker tror fejlagtigt, at de bedst begavede børn ikke har brug for ekstra støtte og kan klare sig selv, så vi bør kun fokusere på de svage elever. Der er noget, der vækker en følelse af uretfærdighed, når der skal gives opmærksomhed til de bedst begavede. Men her er problemet: Hvis vi ignorerer de begavede, udnytter de sjældent deres potentiale. De bliver ikke ordentligt udfordret og skal hele tiden vente på de andre. Manglende støtte kan betyde, at de ikke opfylder deres fulde potentiale, hvilket kan føre til utilfredshed og spildte muligheder senere i livet. De risikerer i virkeligheden at visne.

Kendetegn

Højtbegavede børn er som små hjerner på speed – de tænker hurtigere end deres alder tillader, men kroppen og følelserne halter lidt bagefter. De fungerer på et højere intellektuelt niveau, men de modnes ikke nødvendigvis hurtigere fysisk eller følelsesmæssigt. Deres udvikling er som en ujævn rutsjebanetur, hvor de pludselig kan tage nogle gigantiske spring fremad, mens de stadig forsøger at holde styr på alle deres ideer og følelser. Følgende kendetegn ses typisk hos højtbegavede børn:

Intellektuelle kendetegn

Hurtig læring: Højthegavede børn lærer nye informationer og færdigheder hurtigere end deres jævnaldrende. De kan ofte forstå komplekse begreber uden meget forklaring.

Stærk hukommelse: De har en fremragende evne til at huske informationer, hvilket kan vise sig gennem deres viden om mange forskellige emner.

Høj nysgerrighed: Disse børn stiller mange spørgsmål og søger ofte dybdegående svar. De er nysgerrige på en måde, der går ud over det normale for deres alder.

Tidlig læsning og skrivefærdigheder: Mange højtbegavede børn begynder at læse og skrive tidligere end deres jævnaldrende og viser en usædvanlig interesse for bøger og læsning.

Abstrakt tænkning: De er i stand til at forstå og anvende abstrakte begreber og teorier på en måde, der er usædvanlig for deres alder.

Kreative kendetegn

Originalitet og opfindsomhed: Højtbegavede børn kommer ofte med originale idéer og løsninger på problemer. De kan tænke "uden for boksen" og vise stor kreativitet.

Stor fantasi: De kan udvikle komplekse og fantasifulde historier eller scenarier og viser en høj grad af kreativitet i deres leg og tanker.

Kunstnerisk talent: Mange højtbegavede børn har stærke evner inden for musik, kunst eller andre kreative områder.

Sociale og emotionelle kendetegn

Empati og følsomhed: Højtbegavede børn er ofte meget empatiske og følsomme over for andre menneskers følelser. De kan vise en dyb forståelse for sociale situationer og menneskelige relationer.

Perfektionisme: De kan have en tendens til at sætte meget høje standarder for sig selv og blive frustrerede, hvis de ikke lever op til deres egne forventninger.

Følelsesmæssig intensitet: Disse børn kan opleve følelser meget intenst og have svært ved at håndtere frustrationer eller skuffelser.

Sociale interaktioner

Fortrækker ældre børn eller voksne: Højtbegavede børn kan have lettere ved at kommunikere og relatere til ældre børn eller voksne, da de søger efter samtaler og relationer, der matcher deres intellektuelle niveau.

Lederroller: De kan ofte påtage sig lederroller i lege eller grupper på grund af deres selvsikkerhed og problemløsningsevner.

Høj retfærdighedssans: Begavede børn har tit en veludviklet retfærdighedssans og kan sommetider komme til at opføre sig som politimænd.

Problemløsning og interesser

Dybe interesser: Højtbegavede børn kan have dybe og intense interesser i bestemte emner, som de udforsker i stor detalje.

Problemløsning: De viser ofte stor evne til at løse komplekse problemer og kan lide at udfordre sig selv med vanskelige opgaver eller projekter.

Høj begavelse kan dukke op på de mest overraskende måder, og ikke alle børn har alle de klassiske kendetegn eller opfører sig som små genier, der reciterer Shakespeare ved sengetid. At være blandt de mest begavede kan være som at have en superkraft, men det kan også føre til en hel del bøvl. De kan føle sig isolerede fra deres jævnaldrende, kede sig ihjel i skolen eller kæmpe med følelser, der rammer dem som et godstog. Med deres intense følsomhed for både læring og retfærdighed kan selv den mindste uretfærdighed få dem til at lyde som små advokater for verdensfreden – og det kan være lidt overvældende. Derfor kræver det lidt af et balancekunstværk at støtte dem i deres intellektuelle rejse, mens man samtidig hjælper dem med at navigere i følelsesmæssige stormvejr og sociale labyrinter. Hvis de ikke mødes, hvor de er, kan de nemt føle sig som om, de står alene på månen – anderledes, mærkelige og måske lidt forkerte.

Særlige forudsætninger og høj begavelse

Fra skoleåret 2024-25 er folkeskolerne forpligtede til at opspore børn med høj begavelse og særlige forudsætninger.[2] Høj begavelse defineres som en IQ på over 130, hvor kun to procent af befolkningen befinder sig. Børn med særlige forudsætninger har en IQ på over 120. Derved anerkender man, at de børn der befinder sig blandt de 10 procent bedst begavede tænker anderledes og har brug for noget ekstra for at lykkes med deres skolegang. At støtte et begavet barn i folkeskolen kræver forståelse og engagement. Hvis lærerne kan genkende trækkene blandt de bedst begavede og få dem opsporet, er der mange fordele:

~ **Tilpasset undervisning**: Lærerne kan differentiere undervisningen for at matche barnets evner, hvilket kan forhindre kedsomhed og demotivation.

[2] UVM7jan/2023-ny ekspert og arbejdsgruppe til screening af elever med hoej begavelse

~ **Støtte og ressourcer**: Skolen kan tilbyde ekstra ressourcer og støtteprogrammer, som kan hjælpe barnet med at udvikle sine evner fuldt ud.

~ **Forebyggelse af problemer**: Tidlig opsporing kan hjælpe med at identificere og adressere eventuelle udfordringer, som højtbegavede børn kan stå overfor, såsom perfektionisme eller isolation.

De bedst begavede børn kan have en utrolig nysgerrighed og en glubende appetit på viden. De kan stille spørgsmål, som får de voksne til at svede, og de kan gennemskue komplekse sammenhænge med lynets hast. Men hvis de ikke bliver udfordret nok, kan de let kede sig og miste motivationen. Det svarer lidt til at give en gourmetkok en pakke instantnudler - ikke just inspirerende.

Når lærere forstår og støtter disse børn, kan de skabe et miljø, hvor højtbegavede elever og elever med særlige forudsætninger trives. De kan tilbyde avancerede opgaver, stimulere kreativ tænkning og fremme et klassemiljø, hvor det er okay at være intelligent og hurtig.

Hvad kan du gøre?

Hvis du er forælder til et barn, der ligger blandt de bedst begavede, er der flere ting, du kan gøre for at tilgodese dit barns trivsel og læring:

~ **Kommunikation med skolen**: Først og fremmest er det vigtigt med en god dialog med den skole, hvor dit barn går. Tal regelmæssigt med lærerne for at forstå, hvordan barnet klarer sig, og om der er behov for særlige tilpasninger. Arbejd med skolen for at udvikle en individualiseret læringsplan (ILP), der passer til barnets behov og evner.

~ **Tilpasning af læringsmiljø**: Sørg for, at barnet får adgang til udfordrende og berigende materialer og aktiviteter både i og uden for skolen. Overvej fremskyndelse, såsom at lade barnet springe en klasse over eller tage

avancerede kurser, hvis det er passende og barnet er modent nok
følelsesmæssigt.

- **Stimulering**: Tilbyd intellektuelle og kreative udfordringer derhjemme,
  såsom avancerede bøger, eksperimenter, eller hobbyer. Støt også barnets
  særlige interesser ved at finde ressourcer og aktiviteter, der passer til disse
  interesser.

- **Sociale muligheder**: Tilskynd til sociale aktiviteter, hvor barnet kan
  møde ligesindede, f.eks. gennem klubber eller interessegrupper. Vær
  opmærksom på barnets følelsesmæssige behov, og tilbyd støtte ved at
  lytte og forstå deres unikke oplevelser.

- **Fællesskaber**: Søg efter forældregrupper og organisationer for højtbegavede
  børn, hvor du kan dele erfaringer og få råd. Overvej at konsultere med
  eksperter i børnepsykologi eller uddannelse for højtbegavede børn, hvis
  der er behov for ekstra støtte.

Specialskoler

Der findes desuden flere specialskoler i landet for højtbegavede børn. Det er
forskelligt, hvor høj IQ, man skal have for at gå der. Nogle steder siger de en
IQ på plus 125 og andre steder en IQ på plus 130. Nogle af de mest kendte er:

- **Mentiqa-skoler**: Mentiqa er en kæde af privatskoler, som specifikt
  henvender sig til højtbegavede børn. Der findes Mentiqa-skoler i flere
  byer som København, Odense og Nordjylland. Her IQ-tester man ikke
  børnene, men de bliver vurderet på deres evner og tegn på begavelse.

- **Atheneskolen**: Atheneskolen er en ny skole for højtbegavede børn. Skolen
  ligger i Søborg og optager kun børn med en dokumenteret IQ på 130.

- **Inge Lehmann Skolen**: Inge Lehmann skolen er en skole i Kolding, der
  optager børn med en IQ på 125 og op.

Fordelene ved at sende sit højtbegavede barn på en specialskole er, at sko-
lerne tilbyder en undervisning, der faktisk matcher deres lynhurtige hjerner

og holder dem motiverede, så de ikke keder sig ihjel eller begynder at pille ved tapetet. På specialskolerne møder de lærere, der ved præcis, hvordan de skal håndtere små genier og støtte deres læringsbehov, så de ikke bare kører i tomgang. De lærer ikke kun at bruge deres intellekt, men også at finde venner og udvikle sociale færdigheder. Børnene møder ligesindede, hvilket kan mindske følelsen af isolation. Skolerne tilbyder altså et miljø, hvor de bedst begavede børn kan trives både fagligt og socialt.

4. Hvad er begavelse?

Nu er det vist på tide at få beskrevet, hvad det der begavelse egentlig handler om. I samme kapitel skal vi også snakke lidt om ensomhed og skyggesider. Spænd sikkerhedsselen og hæng på!

Høj begavelse kan både være en hæmsko og en superkraft, alt efter hvordan du lærer at tackle den, og om du forstår at bruge dine kompetencer til din egen fordel. De mest almindelige forskelle på højtbegavede og normaltbegavede er følgende:

1. **Hurtighed/hastighed** - med en høj IQ lærer du typisk hurtigt og har en god evne til at huske informationer. Du kan ofte forstå og anvende nye begreber og færdigheder hurtigere end jævnaldrende. Du har ikke brug for særlig mange gentagelser.
2. **Forståelse** - Når du er begavet, har du ofte et højere abstraktionsniveau og har derfor lettere ved at forstå sammenhænge og større kompleksitet. Du har dermed lettere ved at forstå ting og skal derfor ikke bruge så meget tid på at sætte noget nyt ind i en kontekst.

Kreativitet - Du er meget kreativ og tænker ofte uden for boksen. Du kan komme med innovative løsninger på problemer og se sammenhænge, som andre måske ikke bemærker.

Kritisk og analytisk tænkning - Som begavet har du ofte stærke analytiske evner og kan tænke kritisk. Du er dygtig til at evaluere information, stille spørgsmål ved etablerede idéer og finde logiske fejl.

Hukommelse: Når du er i blandt de bedst begavede, har du ofte en evne til at huske detaljer og fakta over lange perioder. Dette kan være særligt nyttigt i akademiske og professionelle sammenhænge. Du kan holde og bearbejde mere information på én gang, hvilket gør dig i stand til at løse komplekse problemer. Du kan skabe og huske komplekse forbindelser mellem forskellige informationsstykker, hvilket kan hjælpe dig med at se mønstre og relationer, som andre måske ikke ser.

1. **Arbejdsdisciplin** - normaltbegavede børn er vant til at skulle lave deres lektier for at kunne følge med. For de begavede børn er det mere blandet, og de bedst begavede er ofte kommet gennem folkeskolen uden at lave lektier. Derfor er deres arbejdsindsats som ældre tit begrænset, og de har muligvis tilegnet sig dårlige studievaner. På samme tid kan højtbegavede være meget selvmotiverede. De har tendens til at tage initiativ og forfølge deres mål med beslutsomhed og vedholdenhed.

2. **Selvstændighed** - selvstændighed er et karakteristisk træk ved mange højtbegavede. De kognitive evner og personlighed gør dig ofte mere tilbøjelig til at arbejde selvstændigt og tage initiativ. Du værdsætter autonomi og friheden til at tænke og handle selvstændigt, og du foretrækker ofte at finde dine egne veje frem for at følge etablerede metoder. Din evne til introspektion og selvrefleksion hjælper dig med at forstå dine egne styrker og svagheder. Dette selvkendskab gør det muligt for dig at justere din tilgang og arbejde effektivt uden konstant vejledning.

3. **Kommunikation og tilpasningsevne** - Som begavet kan du både være udadvendt og indadvendt. Det kan afhænge af din personlighed og opvækst. Men kommunikationen kan være besværlig, fordi du oplever, at de normaltbegavede ikke forstår, hvad du siger. Derfor har du muligvis vænnet dig til at skulle gentage dig selv og omformulere, og derfor kan du komme til at tvivle på din intelligens. Du kan komme til at føle dig misforstået og isoleret.

4. **Perfektionisme og høje standarder** - Du kan være perfektionistisk og stille høje krav til dig selv og de ting, du foretager dig. Dette kan

føre til en stræben efter ekspertise, men også til frustration, hvis dine egne standarder ikke opfyldes.

5. **Humor** - Med høj IQ har du ofte en veludviklet sans for humor, der kan være mere sofistikeret og subtil end hos dine jævnaldrende. Din humor indeholder tit ironi eller sarkasme. Du bruger tit ordspil og sproglege og din humor kan være meget kreativ.

6. **Følsomhed og empati** - følsomhed kan være et karakteristisk træk ved dig, hvis du er en af de bedst begavede. Den dybe tænkning og de skarpe observationsevner kan gøre dig særligt følsom over for både indre og ydre stimuli. Denne følsomhed gør dig opmærksom på andres følelser og behov, men kan også gøre dig mere sårbar over for stress og kritik. Derudover kan du have en veludviklet empati, da du ofte har en dyb forståelse af menneskelige følelser og motiver. Evnen til at tænke analytisk og dybt kan hjælpe dig med at sætte dig i andres sted og forstå komplekse følelsesmæssige situationer.

IQ er i nogen grad arveligt, og ifølge Mensa vil vores børns IQ typisk være normalfordelt omkring et punkt, der ligger halvt så langt fra 100, som vores egen IQ gør. For eksempel vil en person med en IQ på 120 kunne forvente at få børn med en IQ normalfordelt omkring 110. Estimater viser, at omkring 50-80 procent af variationen i IQ mellem individer kan forklares ved genetisk arv.

Wechslers IQ-skala

Wechslers IQ-skala er et værktøj, der bruges til at måle intelligens og kognitive evner hos børn og voksne. Skalaen er opkaldt efter psykologen David Wechsler, som udviklede den første version i 1939. Wechsler skalaerne vurderer forskellige aspekter af intelligens gennem en række subtests, der resulterer i en samlet IQ-score. Forestil dig en IQ-test som en Iron Man, hvor du både skal imponere med sprogforståelse, visuel-spatial opfattelse af problemløsning. Derudover testes korttidshukommelsen - hvor hurtigt og præcist kan du jonglere med information? Og selvfølgelig, hvor hurtig er du til at udføre simple eller rutinemæssige opgaver? Wechslers test er blandt de mest brugte IQ-test i verden og anvendes ofte i både kliniske, uddannelsesmæssige og forskningsmæssige sammenhænge for at vurdere en persons intellektuelle funktion og identificere styrker og svagheder.

Hvis du har en IQ på over 130, er du ifølge Wechslers IQ-skala det, man kalder for et geni. Der befinder cirka to procent af befolkningen sig. Det er som regel også disse to procent, man taler om, når man bruger betegnelsen *højtbegavet*. Hvis du ligger mellem 120 og 129, er du *begavet*. Her ligger du blandt de øverste 10 procent af befolkningen. 110-119 er *over normalen* eller *kvik-normal*. Hvis du har en IQ på 90-110 vil du ligge i *normalområdet*. Her befinder 60 procent af befolkningen sig. En IQ på 80-89 er *under normalen*, og en IQ på 70-79 er *lav*. Hvis du har en IQ på under 69, er den *meget lav*, og du ligger blandt de laveste 2 procent.

Fokus

I denne bog kaster jeg mig primært over de fem procent mest begavede, fordi det er dem, der virkelig kan stikke ud og møde flest skøre udfordringer på grund af deres intelligens. Jeg taler om den befolkningsgruppe, der har en IQ på 125 plus. Det er især udtalt blandt de øverste to procent med en IQ over 130. Til gengæld er der også ofte mere støtte at finde der. For eksempel er det lidt lettere at blive optaget på en specialskole for højtbegavede børn, hvis IQ´en ligger over 130. Og vil du være medlem af Mensa – klubben for de allerhøjeste IQ'er – ja, så skal din IQ være blandt de øverste to procent. Mensa har deres egen test, der kun måler mønstergenkendelse, i modsætning til Wechslers test, der spreder sig over flere kategorier. Heldigvis godkender Mensa også nogle få andre tests, som for eksempel Wechslers IQ-test for voksne (WAIS).

Men hvis din IQ ligger et sted mellem 125 og 130, så ender du i den lidt glemte klub. Her er du nemlig ikke helt "geni nok" til de fleste klubber og skoler, men stadig rigeligt begavet til at føle dig lidt anderledes end de fleste andre mennesker. Så blandt de øverste fem procent vil du nok opdage, at du på mange områder stikker ret meget ud fra de andre 95 procent.

Da de øverste fem procent teknisk set indeholder både "begavede" og "højtbegavede," kommer jeg til at smide rundt med alle disse ord: Velbegavet, godt begavet, begavet og højtbegavet – men uanset hvilket ord jeg bruger, så handler det om dem, der befinder sig blandt de bedst begavede fem procent i befolkningen.

Begavelse og intelligens

Jeg kan næsten høre, hvordan du sidder på kanten af stolen og venter spændt på svaret: Er begavelse og intelligens det samme? Svaret er både ja og nej. Forklaringen kommer her:

I denne bog vil du ofte høre mig bruge ordet *begavelse*. Det er fordi, det er den term, der bruges på Wechslers IQ-skala, som jeg lige har nævnt, og det er også det ord, vi normalt bruger, når vi taler om højtbegavede børn og voksne. Selvom det bruges i flæng, er begavelse et bredere begreb, der ikke kun handler om høj intelligens, men også om ekstraordinære evner inden for kunst, musik, lederskab, kreativ tænkning, og social forståelse. Med andre ord: En begavet person er et slags multitalent, der kan brillere på flere områder, ikke kun på det rent kognitive. Intelligens derimod, refererer primært til evnen til at lære, forstå og anvende viden og færdigheder til problemløsning. Det er den ting, IQ-testene måler, når de kaster logik, matematik, sprog og hukommelse efter dig. Intelligens anses ofte som et medfødt potentiale – noget du er født med, men som kan finpudses gennem uddannelse og livserfaring. Kort sagt: Intelligens er hjernens råstyrke, mens begavelse er den fulde pakke, der også inkluderer kreativitet, social kløgt og en masse andet godt.

IQ er jo bare et tal..

"Man skal ikke lægge noget i en IQ. Det er jo bare et ligegyldigt tal!"
Har du nogensinde hørt de sætninger før? Det har jeg! Sommetider har jeg endda selv tænkt dem. IQ er bare et tal. Og så er det alligevel ikke bare et tal. Jeg har selv haft tendens til at lægge lidt for meget vægt på selve tallet. Senere har jeg fundet ud af, at det ikke giver så meget mening, da det kan svinge og variere på baggrund af forskellige faktorer. Derudover er det i princippet ligegyldigt, om du har en IQ på 110 eller 140. At have en høj IQ gør dig ikke nødvendigvis til et bedre menneske eller giver dig et lykkeligere liv. Men det kan være praktisk, hvis du gerne vil med i en klub som Mensa og finde nogen, der er lige så skøre på den kloge måde som dig selv – her skal din IQ være på over 130. Ligger du lige under den magiske grænse, men stadig føler dig anderledes og isoleret på grund af din begavelse, så kan det være nedslående ikke at have samme mulighed for at finde ligesindede. IQ, eller intelligenskvotienten, måler ting som logisk tænkning, problemløsning og evnen til at jonglere med komplekse ideer. En høj IQ kan vise, at du har potentiale på det akademiske og intellektuelle plan, men det er bestemt ikke hele sandheden om dig. Selvom IQ-scoren i princippet ikke siger noget om din personlighed, gør den det alligevel. De mest begavede har ofte nogle fælles træk, som skiller dem ud fra mængden og er en del af deres personlighed. IQ måler primært kognitive evner, mens personlighed beskriver adfærdsmæssige og følelsesmæssige mønstre - men disse mønstre kan også hænge sammen med begavelsen.

Folk der gør grin med IQ og IQ-tests er ofte dem, der ikke selv har en høj IQ. Derfor forstår de ikke, hvad det indebærer, og de synes, det er tåbeligt at tro, at man er særlig eller anderledes, bare fordi man scorer højt i en test. Mange af dem siger også:

"Der findes jo mange former for intelligens. IQ er ligegyldig."

Moderne psykologi anerkender godt nok også, at intelligens er multifacetteret. Howard Gardner's teori om de otte typer af intelligens fremhæver flere typer af intelligens, herunder:

Logisk-matematisk intelligens: Evnen til at tænke logisk, analysere problemer og udføre matematiske operationer. Denne type intelligens måles typisk af IQ-tests.

Sproglig intelligens: Evnen til at bruge ord effektivt, både mundtligt og skriftligt. Dette er også en type intelligens, som ofte måles af IQ-tests.

Musikalisk intelligens: Evnen til at forstå, skabe og nyde musik. Dette omfatter evnen til at genkende og komponere musikalske toner, rytmer og klange.

Kropslig-kinæstetisk intelligens: Evnen til at bruge kroppen effektivt til at løse problemer eller skabe produkter, såsom i sport eller dans.

Spatial intelligens: Evnen til at tænke i billeder og skabe mentale billeder af objekter. Dette omfatter evnen til at visualisere og manipulere rumlige relationer.

Interpersonel intelligens: Evnen til at forstå og interagere effektivt med andre mennesker. Dette omfatter følsomhed over for andres stemninger, motivationer og intentioner.

Intrapersonel intelligens: Evnen til at forstå sig selv og anvende denne viden til at regulere ens eget liv. Dette omfatter bevidsthed om ens egne følelser, motiv og mål.

Naturalistisk intelligens: Evnen til at forstå naturen, genkende flora og fauna og gøre forskelle mellem dem. Dette omfatter evnen til at observere, forstå og organisere mønstre i naturen.

Gardners definition af intelligens er bredere end den traditionelle forståelse. Man kan spørge sig selv, om de otte intelligenser virkelig handler om intelligens, eller om det er mere præcist at tale om evner eller talenter. For eksempel kan musikalsk og kropslig-kinæstetisk intelligens ses som speci-fikke færdigheder snarere end generelle kognitive evner.

Selvom der er et overlap mellem, hvad der normalt betegnes som talenter eller evner og intelligens, vil det i mange tilfælde være sådan, at personer med høj IQ scorer højt i flere af de andre "intelligenser". For eksempel er logisk-matematisk og sproglig intelligens tit forbundet med en høj IQ. Vel-begavede har også ofte en veludviklet musikalsk intelligens, selvom denne også kan afhænge af træning. Den intrapersonelle intelligens kan også hænge sammen med begavelse, fordi det handler om selverkendelse og evne til at forstå egne følelser - noget velbegavede tit har nemmere ved, selvom det også afhænger af følelsesmæssig modenhed og selvrefleksion.

Top 5

Når du er blandt de 5 procent bedst begavede, tænker du anderledes end 95 procent af dem, du ellers møder. Det er ret mange, hvis du spørger mig! Som regel kommer det til udtryk ved, at du har andre interesser og har svært ved at tale med om håndbold, mode, de kendte eller andre ting, som flertallet interesserer sig for. Selvom du måske "kun" ligger blandt de 10 procent bedst begavede vil du stadig tænke anderledes end de resterende 90% procent, og du vil som regel stadig mærke markante forskelle mellem dig selv og gen-nemsnittet. Gennemsnits- IQ´en i Danmark er 98. Med en IQ på 120, og dermed begavet, ligger du 22 points højere end den gennemsnitlige dansker. Med en IQ på 125, ligger du 27 points over, og med en IQ på 130 ligger du hele 32 points højere end gennemsnittet. Lad os lige vende det om engang: En person, der er lettere retarderet har en IQ på under 70 og sommetider under 75. Der er nogenlunde samme antal points fra gennemsnits-IQ´en dertil, som der er fra gennemsnits-IQ´en til begavet/højtbegavet. Derfor kan der være nærmest lige så stor intelligensmæssig forskel på en retarderet og en med en normal IQ, til en fra normal IQ til begavet/højtbegavet. Ligesom du vil tænke og være anderledes end flertallet, hvis din IQ er under 80, vil du også tænke og være anderledes med en IQ over 120. Det giver derfor god mening, at du kan føle, du stikker ud blandt flertallet, når du ligger blandt de øverste 5-10 procent. Hvis du ligger blandt den bedst begavede ene procent af befolkningen, ligger du måske 40, 50 eller 60 points højere end gennemsnitsdanskeren.

Overvurdering og undervurdering af andre

Samtidig med at du som godt begavet hurtigt kan komme til at føle dig anderledes, fordi andre ikke kan forstå dig, så kan du også have svært ved at forstå andre og vurdere dem rigtigt. Som en af de bedst begavede har du tit en tendens til både at overvurdere og undervurdere folk omkring dig. Du kan for eksempel komme til at overvurdere andre på grund af:

1. **Projektion**: Du kan antage, at andre har samme niveau af forståelse og tænkning som dig selv. Dette kan føre til, at du forventer, at andre kan følge med i komplekse samtaler og ideer uden yderligere forklaring.
2. **Bedre selvtillid:** Måske har dem du overvurderer mere selvtillid end dig selv. Derfor kan de komme til at virke mere overbevisende i deres standpunkter og dermed mere intelligente.
3. **Sociokulturel bias**: Du kan tro, at visse stillinger eller uddannelsesbaggrunde automatisk indebærer høj intelligens, og derfor overvurdere folks evner baseret på deres sociale eller professionelle status.

Samtidig kan du komme til at undervurdere andre mennesker på baggrund af:

1. **Manglende tålmodighed**: Hvis andre ikke hurtigt viser evne til at forstå eller bidrage til en samtale på et højt niveau, kan du hurtigt undervurdere deres evner.

2. **Fokus på detaljer**: Du kan undervurdere folk, der ikke deler dine intense interesser eller detaljerede viden om et bestemt emne, og fejlagtigt tro, at disse personer generelt har lavere kognitive evner.

Disse tendenser kan føre til sociale udfordringer, da du kan miste vigtige perspektiver og bidrag fra dem, du undervurderer, eller skabe frustration ved at forvente for meget af dem, du overvurderer.

Ensomhed

Vidste du godt, at vi mennesker er født til at være sociale dyr? Ifølge psykologen Paul Gilbert har vi et stærkt iboende behov for at føle nærhed og knytte os til mennesker helt fra starten af vores liv. Det behov får vi dækket, når vi føler os set, hørt og forstået. Følelsen af ensomhed ser rent faktisk ud til at kunne svække vores immunforsvar. Det kan føre til angst, depression, øget træthed, nedsat selvværd og alle mulige andre dårligdomme. Ensomhed får os til at fokusere på vores negative følelser og gentage dem igen og igen, så vi ender i en ond spiral, der er svær at bryde ud af. Vi kommer til at lede efter beviser på, at vores følelser og tanker er de rigtige. Det kaldes også for *bekræftelsesbias.* Det vi fokuserer på, får vi mere af, så når vi har vores fokus på, at vi er alene og ensomme, vil det bekræfte og forstærke vores ensomhedsfølelse. At være bedre begavet end flertallet og være iblandt de bedst begavede kan føre til en eksistentiel følelse af ensomhed, fordi du tænker anderledes end flertallet. Mange blandt de 10 procent mest begavede føler sig anderledes. De har en IQ på plus 120 og forstår nogle sammenhænge, som de resterende 90 procent bare ikke forstår, og de ser nogle mønstre, som andre ikke kan se. Det kan føre til, at de føler sig meget alene eller måske endda lidt dumme sammen med andre mennesker, fordi de er helt alene om at kunne se de ting, de kan. Behovet for at føle sig forstået, bliver derfor ofte kun sjældent dækket. Hvis du er blandt de bedst begavede fem procent eller den ene procent, kan forskellene blive endnu større og tydeligere. Dermed kan behovet for forståelse blive endnu sjældnere opfyldt, og ensomhedsfølelsen forøges.

Hvis du har en gennemsnitlig IQ, vil du have en begavelse som gennemsnittet, og dermed vil du forstå mange af de ting, som gennemsnittet forstår. På den måde vil det tit være nemmere at føle, at andre mennesker forstår dig, og at du passer ind.

Det sjove ved ensomhed er, at det ikke nødvendigvis er når du er alene, at du føler dig ensom og sammen med andre mennesker, at du ikke gør. Følelsen af ensomhed opstår, når vi ikke føler os forstået eller accepteret. Når du er begavet, vil du især have tendens til at føle dig alene sammen med andre mennesker, fordi du netop ikke føler dig forstået. Måske forstår du heller ikke de andre. Når du ligger blandt de bedst begavede fem procent, er det lidt et vilkår, at du muligvis simpelthen ikke kan få andre til at forstå dig, ligegyldigt hvor meget du prøver. Derfor er det også ekstra vigtigt, at du i stedet lærer at acceptere dig selv og forstå dig selv. Hvis du er støttende overfor dig selv og arbejder med din selvkærlighed og selvtillid, vil ensomhedsfølelsen blive mindre, også selvom andre mennesker ikke forstår dig. Jeg har selv kureret min egen ensomhedsfølelse på denne måde.

Skyggesider

Hvis du ikke lærer at acceptere dig selv og bruge din begavelse til din fordel, kan du ende med at blive fanget af din egen intelligens, og livet kan på mange måder ende med at blive langt mere udfordrende end for én med normal eller lav begavelse. Du kan komme til at overtænke ting og dermed stoppe med at føle efter, hvordan du egentlig har det. Du kan ende med at komme til at føle dig forkert, eller komme til at kæmpe med dit selvbillede, fordi du måske er for kritisk eller perfektionistisk. Hvis du føler dig forkert og ikke vil vedkende dig en del af dine sider overfor andre, kan du også finde det problematisk at vedkende dig dem og acceptere dem overfor dig selv.
Ifølge psykiater Carl Gustav Jung, har vi alle *skyggesider.* Disse sider kan være både gode og dårlige, og det er sider, som jeget har undertrykt. Det vi undertrykker kan være alt mellem himmel og jord, som ikke passer ind i den

person, vi gerne vil være, eller vi gerne vil have, at andre ser os som. Når vi undertrykker sider ved os selv og ikke vil vedkende os dem, så accepterer vi ikke os selv fuldt ud. Når der er flere sider, vi ikke vil stå ved hos os selv, så afviser vi vores person, og så bliver det svært at elske og acceptere os selv. Jo mere vi undertrykker vores skygger, jo mere destruktive og farlige bliver de. I stedet for at holde vores skyggesider nede, skal vi lade være med at frygte dem. Vi skal turde se dem i øjnene, acceptere og selv og integrere vores skygge i vores personlighed. Vores velvære afhænger i høj grad af vores evne til at bringe skyggesiderne frem i lyset og omfavne dem. Når vi tør se vores skyggesider i øjnene, er det en accept af vores egen personlighed, og det vil medføre, at ensomhedsfølelsen blegner. Det vil også medføre en større følelse af selvkærlighed.

Jeg har selv kæmpet med en frygtelig ensomhed og var skrækslagen for at kigge mine egne skyggesider i øjnene. Det har fulgt mig siden jeg var helt ung, fordi jeg følte mig så anderledes end alle andre, at jeg troede, jeg var nødt til at spille en rolle og forsøge at være en anden. Min begavelse blev til min værste fjende og gjorde mig endnu mere alene. Jeg drømte om at være lidt mere som alle de andre, bare så jeg kunne føle mig som en del af flokken og finde nogen, der forstod mig. Men sandheden er nok, at jeg ikke rigtigt ønskede at være som de andre. Jeg ville bare gerne finde nogle flere, der mindede om mig selv, som oplevede verden lidt ligesom mig, så jeg ikke altid skulle føle mig som den eneste af min slags. Jeg havde bare ingen anelse om, hvor jeg skulle lede. Jeg følte, jeg var nødt til at lave om på mig selv for at slippe for ensomheden. Ironisk nok, var det først da jeg trådte ind i to ødelæggende forhold, at jeg blev tvunget til at konfrontere mine skyggesider og finde vej ud af den altopslugende ensomhed – selvom jeg ikke havde særlig mange mennesker omkring mig.

5. Hvem er jeg?

Nu hopper vi lige tilbage til min egen skoletid et øjeblik – den er nemlig en perfekt indgang til snak om ambitioner, hverdagsdramaer, dysrationalia (jeps, det er en ting!) og jagten på succes. Lyder det spændende? Måske. Men slet ikke så spændende, som det rent faktisk bliver!

Det er svært at pege på, præcis hvad der i løbet af min skolegang kunne have gjort, at jeg lykkedes lidt bedre, end jeg gjorde, da jeg var yngre. Jeg tror dog, at den væsentligste forskel kunne være sket, hvis jeg havde fundet ligesindede - enten i skolen eller udenfor. Hvis jeg havde oplevet et rum, hvor jeg følte, at det var okay at stikke ud på den måde, og hvor det var okay at være hurtig, tror jeg, at jeg kunne have bevaret mit selvværd og min selvtillid, så jeg ville træffe bedre beslutninger for mig selv, end jeg gjorde. Måske havde en specialskole været løsningen. Måske havde det været nok at hjælpe mig til at finde ligesindede i min fritid. Det kan også være, at det ville have hjulpet mig, hvis jeg fik særlige opgaver i skolen, eller blev sat til at arbejde sammen med de bedst begavede fra årgangen.

Det var ikke kun min faglige selvtillid, der led et knæk, som jeg blev ældre - min sociale selvtillid begyndte også at vakle. Som barn legede jeg med alle og havde masser af venner i klassen, selvom jeg altid følte mig lidt anderledes. Men i de mellemste klasser begyndte jeg at føle mig som en fisk på land. Jeg var mere moden end de andre, og jeg følte mig malplaceret. Jeg var også tidligt udviklet fysisk. Jeg fornemmede, at de andre fra klassen syntes, at jeg var sær, og der var færre, der ville være sammen med mig. Jeg begyndte at interessere mig for make-up og drenge, og jeg var ligeglad med skolen. Den var dødkedelig, syntes jeg. Jeg havde brug for stimulation og for, at der skulle ske noget nyt. Mens de andre legede med legetøj, ville jeg hellere tale om, hvem der var forelsket i hvem. Derfor fandt jeg venner i de større klasser, og jeg begyndte at dyrke min vilde side.

Alkohol og fester blev hurtigt en del af mit liv. På det tidspunkt kunne jeg faktisk ikke finde andre interesser. Til festerne drak jeg mig som regel virkelig fuld. Det var jeg faktisk nødt til. Hvis jeg ikke var fuld, var det nemlig for kedeligt at være til fest og gå i byen. Jeg gad heller ikke høre på fulde mennesker, hvis jeg selv var ædru. Jeg drak mig fuld for at slukke min egen hjerne, så jeg kunne slippe mig selv løs, danse og snakke med folk. Alt dette tyder jo ikke ligefrem som noget, der hører nogen Einstein til, vel?

Man er jo ikke begavet, hvis man ikke er atomfysiker..

Når jeg opførte mig på den måde, kunne jeg da umuligt være synderligt begavet. Det var helt afgjort kun nørdede mennesker, der var sindssygt gode til fysik og nød at løse matematiske problemstillinger i weekenden, som kunne være det. Det var kun folk, der tog deres skole seriøst, der kunne være begavede. Jeg begyndte at føle mig dum. Men samtidig følte jeg mig begavet - for intelligent til at drikke min hjerne ud på den måde og for intelligent til de selskaber, jeg gjorde det i. Omvendt følte jeg mig for dum til at udnytte mine evner og lave noget som helst andet. Det var en super ambivalent følelse Begavelse handler ikke nødvendigvis om hvor mange uddannelsesdiplomer, du har hængende på væggen, og det betyder heller ikke, at du altid scorer topkarakterer. Det er heller ikke sådan, at alle med høj IQ automatisk bliver atomfysikere – ligesom ikke alle med en universitetsgrad nødvendigvis har en høj IQ. En høj IQ kan give dig et godt udgangspunkt for akademisk succes, fordi det gør det lettere at forstå indviklede emner, løse problemer og lære i en fart. Men IQ alene afgør ikke, hvor langt du kommer i uddannelsessystemet. Din rejse afhænger også af ting som motivation, hvad der interesserer dig, hvor du kommer fra, og hvilke muligheder du har haft adgang til. Hvis du har en høj IQ, men aldrig har haft chancen for en god uddannelse, kan dine evner forblive et uopdaget potentiale. Nogle med høj IQ vælger også karriereveje, der slet ikke kræver en fin eksamen – måske kalder deres kreative eller praktiske ånd dem mod noget andet, hvor de akademiske titler ikke er lige så vigtige. Og mange af de mest begavede foretrækker faktisk at lære på egen hånd fremfor at sidde igennem endnu en kedelig forelæsning i det traditionelle skolesystem.

Et godt eksempel på at uddannelsesniveau, karriere og IQ ikke behøver hænge sammen, er en mand ved navn Christopher Langan. Man mener, han har en af de højeste IQ'er. Først droppede han ud af universitetet, og så tog han en hel masse forskellige jobs. Et af dem var som cowboy, mens et andet foregik på et diskotek, hvor han arbejdede som udsmider i mere end 20 år. Amerikaneren var autodidaktiker og foretrak at tilegne sig sin egen viden og at studere selv fremfor i en skole. Man har lavet et estimat, der hedder, at Langans IQ er på over 190.

Mangel på ambitioner

Da jeg var yngre valgte jeg den lettere vej: At spilde mine medfødte evner. I virkeligheden var det slet ingen let vej, for jeg endte med at komme til at føle mig separeret fra mig selv og bruge en masse år på at finde mig selv igen. Da jeg var yngre, havde jeg hverken ambitioner, mål eller drømme. Måske skyldtes det min uhyggeligt lave faglige motivation, eller måske var det en måde at beskytte mig selv mod nederlag. Måske havde jeg bare ikke lært at lytte til mig selv, fordi jeg altid følte, jeg skulle holde mig selv tilbage for at passe bedre ind. Jeg drømte ikke om at studere eller arbejde med noget specifikt. Jeg drømte heller ikke om at få børn eller blive gift som så mange andre. Jeg følte, at jeg havde mange evner, men jeg anede ikke, hvordan jeg skulle bruge dem til noget som helst fornuftigt. Jeg blev aldrig sådan virkelig god til noget, fordi intet interesserede mig længe nok. Det forstærkede min følelse af dumhed, da alle de andre havde drømme og ambitioner for fremtiden, og jeg var for dum til at finde ud af, hvad jeg ville.

På det her tidspunkt forsøgte jeg hele tiden at definere mig selv ud fra min begavelse, og jeg var nærmest besat af at forsøge at forstå mig selv gennem denne linse. Hver gang jeg sagde eller gjorde noget, forsøgte jeg at forstå mig selv på ny, alt efter om det var dumt eller klogt, det jeg havde sagt eller gjort. Det var svært at forstå mig selv ud fra et begavelsesperspektiv, fordi jeg hele tiden skiftede mellem at føle mig rigtigt begavet og dummere end alle andre. Mine handlinger afspejlede sjældent, at jeg skulle være klogere end gennemsnittet. Jeg traf en masse beslutninger, der endte med at besværliggøre livet for mig selv. Min omgangskreds havde godt styr på deres mål med livet, og de traf beslutninger, der fik dem i den rette retning. De fandt de rette kærester og holdt godt fast i deres venner fra børnehaven. Jeg skøjtede rundt og anede ikke, hvad jeg skulle. Jeg valgte de forkerte kærester, og jeg skiftede rundt imellem venner og bekendtskaber. Nogle blev trætte af mig, andre valgte jeg fra. Nogle af mine bekendtskaber løb ud i sandet, og nogle andre gad jeg ikke pleje, fordi vi ikke rigtigt havde klikket i første omgang. Hvordan kunne jeg være intelligent, når jeg var så dum?

Hvis dine ambitioner er gået på ferie..

Hvis du føler, at din ambition er gået på ferie uden dig, er der heldigvis nogle måder, du kan få gnisten tilbage på:

Find din passion: Ofte mangler vi ambitioner, fordi vi simpelthen ikke brænder for det, vi laver. Brug tid på at udforske, hvad der virkelig interesserer dig. Prøv nye hobbyer, læs bøger om emner, du aldrig har overvejet, eller dyk ned i projekter, der føles meningsfulde. Når du finder noget, der tænder en gnist i dig, vil ambitionerne ofte følge med.

Omring dig med inspirerende mennesker: Find mennesker, der brænder for deres egne mål og ambitioner – entusiasme smitter! Vær en del af netværk, klubber eller grupper, hvor du kan møde folk, der motiverer dig, udfordrer dig og måske inspirerer dig til at finde dine egne ambitioner.

Find meningen bag opgaverne: Manglende ambitioner kan komme fra en følelse af meningsløshed. Overvej, hvorfor du gør, hvad du gør – hvad er det større formål eller den dybere mening bag? Hvis du kan finde mening i selv de mest trivielle opgaver, kan det hjælpe med at tænde din indre ild.

Selvkærlighed: Det vigtigste punkt af dem alle! Når du har selvkærlighed, får du lyst til at skabe de allerbedste forudsætninger for dig selv. Dermed følger ambitioner. Jeg kommer med tips og tricks til at forbedre din selvkærlighed i kapitel 17 og 19.

Man kan ikke have høj IQ, når man er så dum

På sociale medier har jeg læst flere kommentarer i kommentarspor omhandlende personer med høj begavelse, som har lydt nogenlunde sådan her: *"Hvis han var så klog, så ville han nok ikke have så svært ved at styre noget så simpelt som sin økonomi."* eller *"Hvis hun havde så høj en IQ, så havde hun nok ikke fået ødelagt sit rygte på den måde eller have truffet de beslutninger, hun gjorde."*

At have en høj IQ betyder ikke, at du ikke laver fejl og ikke siger eller gør nogle dumme ting. Du kan lave en hel masse mærkelige ting, selvom du er blandt de bedst begavede. Det er heller ikke sikkert, at du bare lige kan regne komplicerede regnestykker ud i hovedet. Samtidig kan du også godt være temmelig naiv overfor mennesker. Måske tænker du ikke, at andre mennesker kan finde på at gå rundt at lyve eller bedrage, og derfor kan du få svært ved at gennemskue andre, hvis de forsøger at løbe om hjørner med dig.

Når du er godt begavet, kan du have en imponerende evne til at overkomplicere selv de simpleste opgaver. Du kan skabe komplekse løsninger på problemer, der egentlig kun kræver en enkel tilgang – som at bygge en robot til at smøre din mad, når en kniv egentlig havde klaret jobbet. Derved kan du komme til at træffe nogle beslutninger, der virker helt tåbelige for andre. Måske kan du heller ikke mærke dig selv og træffer beslutninger ud fra perfektionisme og frygt for fejl. Det kan gøre dig handlingslammet, hvor du burde have reageret eller truffet en beslutning af en art. Derudover kan understimulering og kedsomhed føre til tankeløs adfærd, ligesom manglende forståelse for de sociale normer kan gøre, at du kommer til at virke "dum". Din kreativitet og evne til at tænke helt udenfor boksen kan også føre til handlinger, der får folk til at hæve et øjenbryn eller to. Og når du så samtidig har en tendens til at tænke selvstændigt og sige nej tak til konventionelle normer og autoriteter, kan det virke "dumt" i andres øjne.

Den skarpeste kniv i opvaskemaskinen

Jeg er ret sikker på, der i tidens løb er mange, der har kigget undrende på mig og tænkt, at jeg nok ikke var alt for skarp. Det kan blandt andet være i situationer, hvor jeg overhovedet ikke kan tale med om ting, som alle de andre synes, er vigtige. Måske synes jeg, at det de taler om, er så ligegyldigt, at jeg ikke gider deltage i samtalen, eller også har jeg ganske enkelt aldrig hørt om det, de taler om før, fordi jeg ikke følger med i de samme ting som dem. Hvis det er noget, der ikke interesserer mig, er jeg helt upåvirket af, hvad andre mennesker finder interessant, og jeg gider ikke sætte mig ind i det, bare fordi alle andre taler om det. Der er stor sandsynlighed for, at mange folk tænker, jeg er langsomt opfattende, når jeg ikke ved noget om de ting, som alle de andre taler om eller interesserer sig for. Jeg gider kun bruge tid og tankevirksomhed på de ting, der interesserer mig. Til gengæld er det så også sjældent, at andre kan tale med om de emner, der interesserer mig.

En anden ting der kan få mig til at virke ubegavet, er når jeg ikke kan gennemskue fuldstændig simple ting. Det kan være, når jeg ikke kan huske, hvordan man finder vej til de forskellige steder i den by, jeg har boet i hele mit liv. Eller den gang jeg ikke kunne finde ud af, hvor jeg skulle lægge bestikket i en opvaskemaskine på en ferie med en veninde. Nu har jeg røbet, at der heldigvis var en opvaskemaskine. Thank God! Jeg kunne bare ikke finde ud af, hvordan den hang sammen. Min lille datter fik mig næsten overbevist om, at bestikket skulle puttes ned i en miniskuffe, selvom jeg syntes, det var sært, at der kun var plads til et par enkelte skeer. Jeg stod længe og kløede mig i håret over den komplicerede maskine. Så fortalte min veninde mig, at den miniskuffe slet ikke var til bestik men blot til at putte hånden i, når man skulle rykke skufferne til service ud. Dernæst trak hun en skjult skuffe ud foroven til bestik og fortalte, at det var der, vi skulle komme skeer og gafler i. Jeg havde aldrig set sådan en i mit liv før, og jeg skyndte mig at lægge bestikket ned i den, selvom jeg undrede mig over, at der næsten heller ikke var plads til noget. Men nu gad jeg ikke bruge mere tid på at prøve at gennemskue den opvaskemaskine. Jeg havde vigtigere ting at tage mig til. Et par timer senere spurgte min veninde, hvorfor jeg bare havde lagt bestikket ned oven på bestikskuffen på den måde. Og så viste hun mig, at alle de små riller i skuffen var til at putte bestikket ned i. Det er sådan noget, de fleste børn på 10 år vil kunne gennemskue. Men ikke supergeniet her! Jeg går på en eller anden måde altid i min egen verden og vågner kun rigtigt op til ting, der har min interesse. I sådanne situationer får jeg trang til at sige et eller andet virkelig klogt bagefter, fordi jeg godt ved, at jeg virkelig ikke fremstår særligt skarp. Det er utroligt, at jeg meget af tiden kan gennemskue komplekse ting og problemstillinger, og så andre gange kan jeg ikke gennemskue noget så simpelt som en opvaskemaskine. Story of my life!

I min egen verden

Dagdrømmeri og navigering er to ting, der aldrig har gået hånd i hånd for mig. Min stedsans er legendarisk... legendarisk dårlig, altså. Jeg joker ofte med, at jeg må være født uden det gen, der gør det muligt at finde vej. Desværre er det ikke bare en joke. Det er den benhårde sandhed. Jeg er virkelig håbløs til at finde vej! Det handler dog ikke så meget om, at jeg ikke kan huske steder eller genkende bygninger. Hvis jeg virkelig koncentrerede mig, kunne jeg måske godt navigere nogenlunde. Problemet er, at jeg altid er oppe i mit eget hoved, fuldstændig opslugt af mine egne tanker. Når jeg går eller kører et sted hen, har jeg en million tanker, der kører rundt i hovedet på mig. Jeg tænker over livet, lægger planer eller forsøger at løse verdens store mysterier - som hvorfor sokker altid forsvinder i vaskemaskinen. Jeg lægger aldrig mærke til, hvor jeg er, eller hvordan der ser ud omkring mig. For mig kunne alle veje lige så godt være en stor, grå masse af intethed. Selvom jeg har besøgt et sted 15 gange, er jeg stadig nødt til at sætte GPS'en. Jeg tør slet ikke tænke på, hvordan jeg skulle klare mig uden moderne navigationsudstyr. Tanken om at skulle bruge min egen hjernekapacitet på at finde vej er lige så skræmmende som at bestige Mount Everest uden forberedelse.

Hverdagsting

Mange mennesker med en høj IQ kan have problemer med helt banale hverdagsting, fordi deres tankevirksomhed bliver brugt på noget andet. På den ene side kan de løse komplekse matematiske ligninger og filosofere over universets mysterier, men på den anden side kan de stå i supermarkedet og stirre hjælpeløst på en selvbetjeningskasse. Ting som andre finder ganske simpelt, kan de have svært ved. Et eksempel er småsnak, som for mange af de bedst begavede kan være ligesom at koge suppe på sten. De kan også have ganske svært ved organisering eller oprydning, da den kreative tankegang kan føre til, at der bliver efterladt materialer og projekter overalt. Jeg taler af erfaring. Som højtbegavet kan du også have svært ved tålmodigheden, da du simpelthen er træt af at vente på andre.

Hvis du er en af de bedst begavede, har du desuden ofte en tendens til at forenkle og optimere dine daglige rutiner og opgaver for at frigøre mental kapacitet til mere interessante og udfordrende aktiviteter. Det kan for eksempel foregå ved indførelse af faste rutiner for daglige aktiviteter som træning, kost og søvn. På denne måde kan du minimere beslutningstagen og gøre hverdagen mere forudsigelig. Det kan også være, at du opretter forudbestemte valgmuligheder for ting som mad, underholdning og aktiviteter for at reducere den tid, der bruges på at vælge. Måske indarbejder du automatiserede vaner og ritualer, som at lave kaffe om morgenen eller tage en kort gåtur efter frokost for at reducere behovet for aktiv beslutningstagning. Det kan også være, at du indretter hjemmet enkelt og minimalistisk for at kunne holde orden, eller at du begrænser din garderobe, så du slipper for at bruge tankevirksomhed på at beslutte, hvad du skal tage på. Et eksempel er Albert Einstein som siges at have en hel masse af de samme beklædningsgenstande, som han gik i hver dag. Normalt klædte han sig i et gråt jakkesæt og en hvid skjorte. På den måde slap han for nogensinde at tage stilling til, hvad han skulle tage på. Smart, ikke?

Dysrationalia

Keith Stanovich er en klog fyr inden for psykologi, der har givet os begrebet *dysrationalia*. Man kan sige, at det er en slags "dårlig tænkning." Han hævder, at selv de skarpeste hjerner kan tænke tåbeligt. Ja, du hørte rigtigt! Du kan være et geni på papiret og stadig rode dig ud i håbløse beslutninger i virkeligheden.

Dysrationalia handler om, at du kan have en høj IQ, men alligevel falde i alle de klassiske tænketrapper: Tage hurtige beslutninger uden at tænke (hej, impulsive internetkøb!), ignorere fakta der ikke passer dig, eller stædigt holde fast i din første fejl – bare fordi du allerede har investeret i den. Det viser, at selv de mest begavede kan være deres egne værste fjender! En person med høj IQ kan ende med at overbevise sig selv om alt muligt skørt – som at købe en lama eller tredive kilos pose quinoa, fordi det "er en god investering." Høj intelligens betyder nemlig ikke nødvendigvis, at du altid er rationel. Faktisk kan du være utroligt dygtig til at rationalisere dine egne dårlige valg.

Keith Stanovich deler tænkning op i to systemer:

System 1: Lynhurtig, intuitiv, og ofte temmelig doven (tænk "hurtige beslutninger og automatiske svar").

System 2: Langsommere, analytisk og kræver mere hjernearbejde (faktisk at læse opskriften, før du prøver at bage en soufflé).

Selv de mest begavede falder ofte tilbage på System 1, når de har for travlt til at tænke, eller når de tror, de allerede ved alt – og det kan føre til nogle ret irrationelle valg. Faktisk kan du være mere tilbøjelig til at overbevise dig selv om, at dine mærkelige beslutninger giver total mening. Men at være opmærksom på dine egne kognitive faldgruber og spotte dine tankefejl kan hjælpe dig med at undgå at ende i de dummeste beslutningsfælder. Du kan også træne din rationelle muskel ved at blive mere bevidst om at bruge System 2. Tag dig tid til at overveje alternativer, tjekke fakta og udfordre dine egne antagelser, før du træffer beslutninger.

For mange af de bedst begavede handler det hele mest af alt om at finde en god balance mellem at følge sin mavefornemmelse og overveje tingene en ekstra gang. Hvis du er alt for opmærksom på at bruge System 2, kan det nemlig snildt ende med overtænkning, hvor du aldrig rigtigt når frem til nogen beslutninger, eller hvor du bliver i noget alt for længe, som du burde have forladt.

Begavelse og succes

Når man er blandt de bedst begavede, så er man da sikker på at få succes i livet, ikke? Jeg mener, hvad kan overhovedet gå galt?

Succes er en flygtig størrelse og kan defineres på mange måder. Nogle mener, det er at få en god uddannelse, nogle at det er at blive rig, nogle mener, at det er at have venner, og andre mener, at det er at stifte familie og få børn. Men uanset hvordan man ser på det, så er begavede ikke sikret noget af det. Det er en misforståelse, at de altid er succesfulde og har let ved alle aspekter af livet. Succes afhænger også af mange andre ting som: Motivation, arbejdsdisciplin, sociale færdigheder og interesser.

Der findes en del interessante fortællinger om højtbegavede og deres skolegang og karriere, og jeg vil lige nævne et par stykker af dem.

~ **William Sidis** var en af dem, der valgte at leve et tilbagetrukket liv med lavtlønnede jobs. Man mener, han var et af de mest intelligente mennesker nogensinde med en IQ, der er estimeret til at være over 215. Han var kendt som et barnegeni men blev træt af al opmærksomheden. Sidis valgte senere i livet at undgå offentlig opmærksomhed og højt betalte karrierer efter at være blevet arresteret i 1919 for sin deltagelse i en socialistisk demonstration. Han blev idømt 18 måneders fængsel men blev i stedet overført til psykiatrisk observation og behandling, hvilket var en praksis på det tidspunkt for personer, der blev betragtet som radikale eller politisk farlige. Hans forældre fik ham løsladt før tid. William Sidis endte efterfølgende med at tage dårligt betalte jobs som maskinskriver og kontorassistent, indtil han i en alder af 46 år døde af en hjerneblødning.

~ **Ted Kaczynski** var et vidunderbarn og viste tidligt ekstraordinære akademiske evner. Han sprang flere klasser over i skolen. Man mener, han havde en IQ på 167. Han tog en PHD i matematik men endte med at droppe ud af samfundet og flyttede til en lille hytte i det landlige Montana, hvor han levede uden elektricitet eller rindende vand. Han forsøgte at leve selvforsynende og isoleret fra det moderne samfund, som han hadede. han mente, at teknologiske fremskridt var ødelæggende for menneskelig frihed. Fra 1978 begyndte Kaczynski at sende bomber til universiteter, flyselskaber og andre mål, han anså som repræsentanter for teknologisk fremskridt og samfundets ødelæggelse. Han endte med at blive idømt livsvarig fængselsstraf.

~ Der er også en del eksempler på højtbegavede, der har droppet ud af det traditionelle uddannelsessystem for at fokusere på selvuddannelse. En del af dem mener, at de kan lære mere udenfor uddannelsessystemet. Af kendte personer er **Thomas Edison**, som er en af historiens mest berømte opfindere. Han havde kun få måneders formel skolegang og lærte langt det meste gennem selvstudium og praktisk erfaring. Derudover er der **Bill Gates**, som er grundlæggeren af *Microsoft*. Han droppede ud af Harvard University for at starte sit eget firma og blev en af verdens rigeste personer. Til sidst vil jeg nævne **Marilyn Vos Savant**, som er kendt for at have en af de højeste IQ'er nogensinde målt. Ifølge *Guinness Rekordbog* er den på

228. Marilyn vos Savant droppede ud af college for at forfølge en karriere som forfatter og klummeskribent. Hun er især kendt for sin "Ask Marilyn" klumme i magasinet *Parade*, hvor hun svarer på spørgsmål om logik, matematik og andre intellektuelle udfordringer.

6. Det sociale

Dette kapitel går lige på og hårdt med noget, vi ikke kan undgå, når vi snakker om begavelse – nemlig det sociale spil. Er de bedst begavede bare sociale outcasts? Kan de normaltbegavede virkelig aflæse dem som åbne bøger? Hvorfor i alverden nævner jeg en fantasibarsel? Og hvad pokker har selvstændighed, sympati og politik med det hele at gøre? Alt det og meget mere får du svaret på her!

Efter folkeskolen endte jeg på gymnasiet, fordi det var der, min bedste veninde skulle hen. Jeg fulgte bare med. Jeg havde overhovedet ikke lyst til at gå mere i skole. Jeg var ikke vant til at lave lektier, og jeg gad heller ikke begynde på det. Afleveringerne var jeg nødt til at lave, men ellers slap jeg så billigt om ved det som overhovedet muligt. Jeg klarede mig igennem gymnasiet med karakterer lidt under middel, og jeg følte mig ikke spor intelligent eller begavet længere. Jeg forstod heller aldrig det der med, at man fik høje karakterer, fordi man snakkede læreren efter munden. Jeg fortsatte min stil fra folkeskolen, og jeg sagde næsten aldrig noget i timerne. Jeg tror, mange af de andre tænkte, at jeg var forholdsvis svag fagligt, fordi jeg næsten aldrig deltog mundtligt. Mit platinblonde hår og mine stiletter hjalp nok heller ikke på, at nogen skulle tro, jeg var synderligt klog. Det gjorde jeg heller ikke selv på det her tidspunkt. Hvis jeg virkelig var så klog, ville jeg vel have sejlet igennem gymnasiet med topkarakterer og et smil bredere end Ole Henriksen. Det er da indlysende, ikke? Men sandheden var, at jeg følte mig som en alien på et talkshow, når mine klassekammerater diskuterede nyheder, underholdningsprogrammer eller politik. Jeg sad der og følte mig som den mærkelige, der ikke havde en eneste anelse om, hvad de snakkede om. Måske var jeg bare dum, fordi jeg ikke interesserede mig for alt det, som alle andre syntes var vigtigt. De eneste fag jeg fandt interessante, var filosofi og psykologi. Alle de andre timer kom jeg igennem ved hjælp af en PhD i bluf.

Det føltes som en uskreven regel, at hvis man var intelligent, så skulle man også være besat af politik og samfundsdebatter. Jeg følte mig som en politisk ateist i en verden af troende. Jeg fik hele tiden at vide, at politik var verdens vigtigste emne, og at jeg skyldte samfundet at interessere mig for det. Men ærligt talt, det tændte mig helt af. Jeg brød mig ikke om at blive fortalt, hvad jeg skulle interessere mig for, eller hvordan jeg skulle opføre mig. Jeg var træt af det, og jeg stejlede som et stædigt muldyr, når nogen prøvede at opdrage mig med skam. Min manglende interesse for politik handlede mest om, at jeg følte, hele det politiske landskab var et stort cirkus. Politikerne virkede som deltagere i et skuespil, der sagde alt, hvad de troede, folk ville høre for at få stemmer. Jeg følte, det var uægte. Politik var også dræbende kedeligt for mig, og jeg havde ingen lyst til at sætte mig ind i, hvad de forskellige partier og politikere sagde. Det hele føltes for fjernt og uhåndgribeligt. Jeg følte heller ikke, at jeg kunne gøre nogen forskel alligevel. Faktisk følte jeg, at jeg lige så godt kunne forsøge at påvirke vejret ved at ryste en regnpind Og så kom jeg til at føle mig som en af de dårligst begavede fra et realityprogram. Det var lige præcis sådan, de blev portrætteret - de havde ikke interesse i skoleting eller politik, og de vidste ingenting om det. De stemte heller ikke. Måske var jeg i virkeligheden bare dummere end gennemsnittet.

Begavelse og politik

Der behøver ikke nødvendigvis være en særlig forbindelse mellem begavelsen og interessen i politik. Måske er det logik - men det var det ikke for mig på det tidspunkt. Den enkelte persons interesse i politik er baseret på personlige værdier, livserfaringer og individuelle prioriteter. Når det er sagt, så er der alligevel en del af de bedst begavede, der interesserer sig for politik eller samfundsproblemer, fordi deres naturlige nysgerrighed og behov for at forstå verden kan gøre politik til et spændende felt, hvor de kan udforske ideologier, politikker og deres konsekvenser. Som velbegavet kan du have en stærk retfærdighedssans og være motiveret til at bekæmpe uretfærdigheder gennem politisk engagement. Derudover kan du som begavet have et stærkt ønske om at bidrage til samfundsforbedringer, hvilket kan drive dig til at engagere dig politisk. Til sidst er der det med den kritiske tænkning. Den kan føre til en interesse i politiske spørgsmål, da du ofte søger at forstå komplekse sociale og økonomiske systemer.

Selvom mange af de bedst begavede har en naturlig tilbøjelighed til at engagere sig i komplekse samfundsmæssige og politiske spørgsmål, er det ikke universelt. Der er flere grunde til, at du måske ikke interesserer dig for politik:

1. **Kynisme eller frustration**: Som en af de bedst begavede kan du blive frustreret over det politiske systems ineffektivitet eller korruption og kan derfor vælge at distancere dig fra politisk engagement.
2. **Fokusering på individuelle projekter**: Måske vælger du at fokusere din energi og intellekt på specifikke projekter eller karrierer, som du finder mere meningsfulde eller tilfredsstillende end politisk engagement.
3. **Mental sundhed og stressreduktion:** Politik kan være en kilde til stress og angst på grund af konstante konflikter og negative nyheder. At undgå politisk engagement kan reducere denne stress og bidrage til bedre mental sundhed. Ved at undgå politik kan du vælge at fokusere på indhold, der bringer glæde og positivitet i livet.
4. **Personlig præference**: Personlige præferencer spiller også en stor rolle. Ikke alle er interesserede i de sociale dynamikker og magtstrukturer, som politik involverer, og du kan finde større tilfredsstillelse i andre områder.
5. **Forskellige interesser**: Som højtbegavet har du ofte en bred vifte af interesser. Nogle kan være mere fokuserede på videnskab, kunst, teknologi eller andre områder, hvor dine talenter og interesser ligger.

Jeg havde en naiv forestilling om, at de intelligente fik gode karakterer og altid elskede samfundsfag og politik. Det var en af grundene til, at jeg tvivlede så meget på min egen intelligens. Jeg fandt senere ud af, at ingen af delene behøver være en indikator for folks IQ.

Jeg troede også, at begavede folk naturligvis måtte være interesserede i skolefagene. Sådan er det langt fra. Som tidligere nævnt dropper mange af de bedst begavede ud af skolen. Enten fordi deres interessepunkter ikke bliver ramt og de hellere vil studere selv, eller fordi de ikke synes, de lærer nok på den rigtige måde, der passer til dem.

Arbejde

Jeg kunne ikke lide at gå i skole mere, men arbejde var heller ikke løsningen. Jeg syntes, det var afskyeligt at arbejde. Jeg ville bare have fri og være fri, og jeg gad ikke, at der var andre mennesker, der skulle bestemme over min tid. Det fik mig til at føle mig fanget. I virkeligheden handlede det om, at de jobs jeg fandt hverken interesserede mig eller passede til mig.

Gymnasiejobbet i en pølsevogn var næsten værre end skolen. At putte ketchup og rå løg på hotdog nummer 745, brugte slet ikke mine evner. Faktisk var jeg ikke engang god til det. Og for at det ikke skal være nok, gad jeg heller ikke stå at snakke med kunderne om vind og vejr. Jeg syntes, at småsnak var drænende. Jeg forstod ikke helt meningen med det, og jeg var vildt dårlig til det. Lønnen der tikkede ind hver måned, var det eneste gode ved min pølsetjans.

Både på gymnasiet og på arbejdet følte jeg mig sær og malplaceret. Jeg passede ikke ind, der hvor jeg befandt mig. Jeg passede hverken sammen med de seriøse eller de useriøse. Jeg følte også, at de andre syntes, jeg var mærkelig. De kunne vel se, at jeg slet ikke interesserede mig for skolen eller arbejdet, og jeg havde fornemmelsen af, at de så mig som snobbet eller arrogant, fordi jeg ikke var udadvendt og snakkesalig på samme måde som de andre. Jeg havde svært ved at snakke med folk, fordi jeg stak så meget ud og ikke interesserede mig for de samme ting som de andre. Jeg turde ikke vise, hvem jeg var af frygt for at blive dømt som forkert. Jeg kunne jo heller ikke fortælle, at jeg var ligeglad med skolen og fagene, fordi jeg ikke havde en eneste uddannelsesmæssig ambition i mit liv. Eller at jeg zoomede fuldstændig ud og sad i min egen drømmeverden, når læreren talte. Og hvis jeg nu fortalte nede i pølsevognen, at jeg hadede at smalltalke med kunderne, ville jeg blive fyret. Så jeg spillede skuespil alle steder for at prøve at passe ind. Jeg følte, at jeg var nødt til at prøve at være en anden, end jeg var. Jeg kunne ikke lide mig selv særlig godt på det tidspunkt.

Fantasibarsel

Selvom jeg ikke kunne lide at gå på gymnasiet, glædede jeg mig heller ikke ligefrem frem til at blive færdig. Hvad skulle jeg måske lave bagefter? Jeg vidste ikke, hvad jeg ville, men jeg vidste, at jeg ikke kunne holde ud at gå i skole et minut længere. Jeg var så ulideligt træt af skolen, at jeg endte med at tage et sabbatår i et stort supermarked, hvor jeg sad ved kassen og stod i kundeservice. Kollegaerne var fine. Der var mange på min egen alder, og de var ikke lige så seriøse og alvorlige som mange af mine gamle studiekammerater. Men jobbet? Det var frygteligt. Det var næsten det samme som at stå i pølsevogn, og jeg følte, bare at jeg spildte min tid.

Da jeg ikke længere kunne holde ud til at arbejde, begyndte jeg igen at spekulere i, hvad jeg skulle stille op med mit liv. Jeg troede ikke, der fandtes en rette hylde for mig. Der var temmelig lang tid til pensionsalderen på den her måde. Jeg var så desperat, at jeg endda begyndte at overveje at blive gravid bare for at slippe for at arbejde i et år. Det måtte da være lykken at gå derhjemme på barsel, ikke? I stedet for en graviditet valgte jeg frisørskolen - den mindst seriøse skole jeg overhovedet kunne komme i tanke om. Jeg forventede i hvert fald, at jeg ville slippe for at skulle lave skolearbejde, og jeg kunne jo trods alt forholdsvis godt lide at farve og sætte hår. Måske var det mit kald her i livet?

Når dine talenter samler støv..

Begavede børn, der ikke får den rette støtte og anerkendelse i skolen, kan føle sig fanget i en verden af undervurderinger og misforståelser. Det hæmmer deres akademiske og personlige udvikling og får dem senere i livet til at føle, at deres evner spildes. Frygten for fiasko kan også føre til selvsabotage, hvor de undgår muligheder, der kunne udvikle deres talenter, fordi de ikke føler, at de kan præstere godt nok. Det svarer til at have en Formel 1-bil, men aldrig tage den ud af garagen, fordi du er bange for at ridse lakken. Når du er begavet, kan det være svært at finde gejsten til at arbejde med noget, der ikke føles udfordrende eller spændende. Det kan ende med, at dine talenter samler støv i stedet for at blomstre. Uden en klar retning kan du føle dig som en GPS uden signal – du ved, du skal et sted hen, men ikke helt hvor. Hvis du så også kæmper med lavt selvværd og ikke helt anerkender dine egne evner, kan du føle dig fanget og lade muligheder glide forbi, som kunne have udviklet dit potentiale. Følelsen af at være alene og anderledes kan forstærke dette. Når du føler, du er den eneste i rummet, der taler et helt andet sprog, kan det påvirke din motivation. Og der var jeg så – fanget midt i denne tragedie af manglende anerkendelse og udfordringer, som en af de bedst begavede, der kunne have været noget andet og mere, end jeg var. Dette kom til at fortsætte i mange år frem, som en langstrakt episode af *"Hvorfor gør jeg ikke noget ved det?"*

Frisørskolen

Selve skoleopholdet gik fint, og uden anstrengelser fik jeg topkarakter. Det passede mig godt. Men praksisdelen? Ikke så meget. Jeg kunne godt få resultatet af et klippet frisørhoved til at blive nogenlunde pænt, men jeg havde ikke tålmodighed til at gøre det på den måde, frisørlæreren viste os det. At klippe hår var kedeligt, og mine hænder syntes ikke at vende rigtigt.

Jeg følte mig lige så forkert og malplaceret på frisørskolen, som jeg havde gjort det på gymnasiet. Det var som at være en pingvin i Sahara. Jeg blev ekstremt indadvendt og genert, og jeg sagde aldrig noget til de andre fra min klasse. De andre var så udadvendte og fandt lynhurtigt sammen som sukker i te. Jeg stod bare der på sidelinjen og gloede på dem. Jeg anede ikke, hvad jeg skulle sige, eller hvad jeg skulle tale med dem om, og jeg gad faktisk heller ikke, selvom jeg følte, at jeg burde. De andre måtte ikke opdage, at jeg var sær og indadvendt. Jeg følte, det var forkert. Sådan måtte man ikke være. Jeg begyndte at vurdere mit eget værd på det. Hvis ikke jeg kunne være som de andre, vurderede jeg det til at være lavt. Jeg tror, de fleste af dem tænkte, at jeg ikke havde særlig meget at byde på, når jeg aldrig afbrød for at være med i samtalerne. Jeg følte mig faktisk mere ubegavet end de andre, fordi miljøet passede mig så dårligt. Det var i bund og grund en sjov kombination af, at jeg følte mig mere begavet og mindre begavet end de andre fra skolen. Jeg følte mig mindre begavet, fordi jeg ikke kunne finde ud af at opføre mig som de andre, og fordi jeg altid blev vildt duperet over, hvordan de andre frisørelever kunne finde på noget at sige til alting. De kunne tale om den mindste ting i virkelig lang tid. Jeg var temmelig kortfattet – og især overfor folk, jeg ikke kendte. Mange ting havde jeg overhovedet ingen holdning til, og jeg var mere eller mindre ligeglad med mange emner og problemstillinger, fordi de ikke interesserede mig. Da jeg var barn, reagerede min mor tit på det ved at sige: *"Når man er ligeglad, er man aldrig glad."* Men jeg kunne jo ikke ligefrem fremtvinge følelser for emner eller mennesker, der ikke interesserede mig. Jeg kunne tale i 12 sekunder om vejret, og så kunne der virkelig ikke klemmes mere ud af mig. Jeg syntes faktisk, mine studiekammerater på en måde måtte være temmelig begavede, når de bare sådan altid havde noget at byde ind med, og når de kunne sammen socialt. Jeg passede bare ikke ind på den skole.

Indadvendt

Flere gange undrede jeg mig over, at jeg var blevet sådan. Hvorfor kunne jeg ikke snakke med andre mennesker? Jeg følte ikke, at jeg var sådan ægte genert, og jeg havde svært ved at finde ud af, om det var mest fordi, jeg ikke gad, eller mest fordi, at jeg oprigtigt ikke kunne. Mine venner udenfor studiet, kunne jeg trods alt godt tale med. Måske interesserede jeg mig bare ikke nok for de ting, de andre talte om. Eller også kunne jeg ikke lide fremmede. I øvrigt var jeg i tvivl om, om jeg overhovedet var indadvendt rigtigt, eller jeg bare befandt mig sammen med de forkerte mennesker. Det føltes altid, som om jeg skulle spille en rolle i en dårlig sitcom, hvor jeg skulle udgive mig for at være en anden, bare for at passe ind i selv den mindste sociale boks. Jeg følte, at jeg burde snakke meget mere og være mere livlig og klar på de ting, alle de andre syntes var sjove. Men jeg orkede heller ikke at forsøge at lave så meget om på mig selv. Bortset fra at jeg bare ikke interesserede mig for de ting, som de andre ville snakke om, så snakkede jeg heller ikke særlig meget, fordi jeg følte mig så anderledes, at jeg var sikker på, de ville syntes, jeg var sær og mærkelig. De ville dømme mig. Og jeg hadede ærlig talt at blive dømt. Det hele føltes tit som én stor eksamen i sociale færdigheder. Det var nok også fordi, jeg havde for vane at dømme mig selv så hårdt. Jeg kunne jo heller ikke blive frisør, når jeg ikke kunne finde ud af at snakke.

Kan normaltbegavede gennemskue de begavede?

"It takes one to know one!"[3]

Det har du garanteret hørt før? Det er et ordsprog, der faktisk ganske ofte giver god mening - også når der er tale om begavelse.

Flere gange i løbet af mit eget liv, har jeg haft en fornemmelse af, at folk har tænkt, jeg ikke var rigtigt klog. En fornemmelse kan selvfølgelig godt bare

---

[3] Ukendt oprindelse

være en fornemmelse. Til gengæld har jeg hørt flere, der har talt nedsættende om en persons intelligens på trods af, jeg har syntes, det var ganske tydeligt, at personen var temmelig godt begavet. Kan normaltbegavede godt blive snydt af de bedst begavedes intelligens? Og hvordan kan det ske? Hvorfor kan det være svært for folk at gennemskue en person med høj IQ?

Først og fremmest har vi mennesker en tendens til at synes, at folk der ligner os selv og har de samme holdninger, er de mest intelligente. Hvis en person har en holdning, der er stikmodsat vores egen, så kan vi hurtigt komme til at tænke, at personen ikke har så meget at flytte med. Når de bedst begavede i mange tilfælde stikker ud og har nogle andre holdninger end flertallet, så har du den første årsag lige dér. Nedenfor har jeg skrevet nogle andre muligheder til, at de bedst begavede kan være svære at gennemskue:

1. Forskellig kommunikationsstil: Begavede kan udtrykke sig på nogle måder, der virker abstrakte eller usædvanlige, og som normaltbegavede ikke værdsætter eller forstår.
2. Kompleksitet i tænkning: De bedst begavede tænker ofte i mere komplekse mønstre, som kan være svære at følge for normaltbegavede.
3. Tilpasning: De begavede kan tilpasse sig sociale normer og bevidst skjule deres evner for at passe ind.
4. Særlige interesser: De kan have interesser, som andre finder ualmindelige, hvilket kan skjule deres intelligens.
5. Underpræstation: De bedst begavede kan underpræstere i skole eller arbejde, ofte på grund af kedsomhed eller manglende udfordringer.

Dermed er det ikke unormalt, at normaltbegavede ikke vil opdage din intelligens. Nogle af dem kan endda muligvis tænke, at du er skør, fordi du siger nogle ting eller har nogle idéer, som de slet ikke kan følge.

I virkeligheden vil normaltbegavede ofte være mere tilbøjelige til at tro, at de kvikke-normale med en IQ på 110-119 er dem, der er de rigtige højtbegavede.

Normaltbegavede mennesker har nemlig lettere ved at identificere intelligens, der ligger tæt på deres eget niveau, end at vurdere intelligens langt over deres eget niveau. Højtbegavede kan samtidig udvise deres evner på måder, der er mere subtile eller komplekse, hvilket kan gøre dem mindre synlige for gennemsnittet.

En anden ting der kan være med til at snyde de normaltbegavede er, at normalt-kvikke personer nogle gange kan have en tendens til at komplicere forklaringer og bruge sværere ord. Det kan skyldes et ønske om at fremstå mere intelligent eller en mindre sikkerhed i deres egen forståelse af emnet. Ved at bruge komplekse ord og formuleringer kan de håbe på at imponere deres publikum og signalere deres intellektuelle evner. Således kan folk komme til at tro, at de er virkelig intelligente. Højtbegavede personer forsøger derimod ofte at forklare ting mere simpelt og klart. Dette skyldes deres dybe forståelse af emnet, hvilket gør dem i stand til at destillere komplekse ideer ned til deres essens. De forstår, at klarhed og enkelhed kan formidle budskaber mere effektivt. Normaltbegavede tænker ikke nødvendigvis, at de højtbegavede er særlig intelligente, når det de siger lyder så simpelt.

Sommetider kan man næsten gå hen og blive misundelig på de normalt-kvikke. Ikke nok med at de tit får æren for begavelse, så vil en del fra denne gruppe også have det nemmere ved sociale relationer, da de ligner flertallet mere. Og som om det ikke skulle være nok, så er de også selv mere tilbøjelige til at overvurdere deres egen intelligens end højtbegavede personer. Dette kan forklares med Dunning-Kruger-effekten, som viser, at personer med moderat høje evner ofte overvurderer deres egne færdigheder og viden mere end personer med ekstremt høje evner. Folk med lavere evner mangler ofte den nødvendige indsigt til at genkende deres fejl og mangler, hvilket får dem til at overvurdere deres færdigheder. Højtbegavede er ofte mere bevidste om deres egne begrænsninger og omfanget af deres viden, hvilket gør dem mindre tilbøjelige til at overvurdere deres egen intelligens. Samtidig vil de normalt-kvikke være mere tilbøjelige til at sammenligne sig med gennemsnittet, hvorimod de højt begavede vil være tilbøjelige til at sammenligne sig med de allerbedst begavede.

Sympati

Jeg har tidligere nævnt, at det nok hører til sjældenhederne, at normaltbegavede fatter sympati for de bedst begavede, fordi de ikke forstår udfordringerne, der kan høre med. Men vidste du så også godt, at man faktisk mener, at højtbegavede opfattes som mindre sympatiske?[4] Det kan skyldes flere forskellige årsager, men det kan blandt andet handle om kommunikationsstilen og kritisk tænkning.

De bedst begavede kan sommetider komme til at bruge komplekse sætninger, som kan virke fremmedgørende overfor dem, der ikke har samme vidensniveau. Måske kommer de til at virke arrogante, selvom det overhovedet ikke er hensigten. Det kan også være fordi, de ofte har intense interesser i specifikke emner, hvilket kan føre til, at de taler meget om disse emner og måske ignorerer samtaleemner, der interesserer flertallet. Flertallet tænker måske, at de ikke er interesserede i andres perspektiver.

De bedst begavede har det ofte med at stille spørgsmålstegn ved etablerede normer og autoriteter, hvilket nogle gange kan få dem til at fremstå som besværlige eller kritiske – og det vinder sjældent prisen for "Årets mest sympatiske." Højtbegavede kan også have svært ved at aflæse sociale signaler og normer, hvilket fører til akavede misforståelser, der ikke ligefrem gør dem til festens midtpunkt. De kan ende med at virke lidt mindre sympatiske i andres øjne. Normaltbegavede kan også opleve følelser af misundelse eller mindreværd i nærvær af de bedst begavede, og det kan skabe en cocktail af negative følelser og forudindtagethed. Dette kan gøre, at højtbegavede opfattes som mindre sympatiske, uanset deres intentioner. Til sidst har begavede

---

[4] (Coleman & Cross, 1988; Cross et al., 1993) (Cross et al., 2015; De Gucht et al., 2023) https://link.springer.com/article/10.1007/s11031-013-9389-5

ofte høje standarder for sig selv og andre, hvilket kan føre til, at de kommer til at fremstå som kritiske eller dømmende overfor dem, der ikke lever op til disse standarder.

Det skal altså ikke altid være lutter lagkage at være godt begavet. Ovenstående kan være endnu en årsag til, at du som begavet kan komme til at bøvle med det sociale liv. Det er ikke kun dig, der kan ende med at blive træt af nogle af dine sociale relationer - de kan også ende med at blive trætte af dig. Øv!

Mit sociale liv

Da jeg var yngre, var mit behov for at være social omtrent lige så stort som mit behov for at trække vejret – okay, måske ikke helt så dramatisk, men næsten. Hjemme kedede jeg mig som en kat ved en hundeudstilling, for jeg var enebarn og sulten efter noget at tage mig til. Da jeg blev teenager, eksploderede mit behov for at gå til fester og tale med det modsatte køn, som om jeg var på en mission fra kærlighedsgudinden selv. Sociale relationer blev min billet til sjov og ballade, men mange af dem endte med at være flygtige. Pigerne, jeg festede med, havde det med at dræne mig for energi og mange af samtalerne var så overfladiske, at jeg kun kunne holde dem ud, når jeg var fuld. Så der stod jeg, altid på jagt efter folk, der lignede mig, men de var sværere at finde end en nål i en høstak. Måske var de skjult i andre miljøer, for der hvor jeg befandt mig, handlede det mest om at se godt ud og være festens midtpunkt. Jeg havde slukket for min egen indre glød og kunne ikke finde nogen ægte interesser i flere år. Ambitioner? Næ, dem var der stadig ingen af, bortset lige fra den store drøm om at finde mig en kæreste. Og hvor leder man efter sådan en? Jo, selvfølgelig i byen! Festerne og alkoholen blev min redning fra kedsomheden, og jeg flirtede med mænd, som om det var en form for konkurrence. Alkohol var min tro følgesvend til festerne, så jeg ikke kedede mig halvt ihjel. De forbindelser, jeg fik gennem byture, var som regel lige så dybe som en vandpyt. Vi havde intet tilfælles udover en fælles passion for at drikke os fulde og vågne op med tømmermænd.

I starten af 20´erne mistede jeg stort set alle mine relationer efter et altødelæggende forhold. Jeg kunne ikke finde ud af at finde nye bekendtskaber. Dels fordi min historie var så vild og sær, at der ikke var andre, der kunne relatere til den, og dels fordi jeg i forvejen følte mig som en hybrid mellem en alien og en enhjørning. Social angst begyndte at snige sig ind på mig. Jeg følte det som om, jeg var havnet på en anden planet, og jeg havde ikke nogen interesse i at snakke med folk mere, De ville alligevel ikke kunne forstå mig. Jeg følte samtidig, at jeg havde brug for sociale relationer, så jeg kunne komme ud at lave ting og ikke bare skulle sidde spærret inde i mit hjem. Jeg var ikke modig nok til at tage ud at gøre ting selv. Jeg gad heller ikke. På den anden side følte jeg ikke, at jeg havde brug for andre på samme måde, som de fleste andre har det. Eller også havde jeg bare vænnet mig til at føle mig alene. Jeg gad i hvert fald ikke tilbringe mere tid med folk, jeg ikke rigtigt klikkede med. Det virkede også som om, alle andre allerede havde fyldt deres venne-kvoter, og det var sværere at komme ind i kliker og venskaber, end det havde været som helt ung. Her er paradokset: Jeg følte, jeg havde brug for gode sociale relationer for at skabe et godt liv, men kunne ikke finde nogen, der var meningsfulde nok til at investere min tid og energi i. Så hvad gør man? Man bliver en enspænder, selvfølgelig. Det føltes som om, det var selvvalgt, men samtidig som om, jeg ikke havde noget valg.

Selvstændighed og begavelse

På samme tid, som jeg var virkelig selvstændig, så havde jeg også mine øjeblikke af total afhængighed. Når det handlede om selvstændige tanker, var jeg temmelig godt kørende, og sommetider kunne jeg nærmest blive provokeret, når jeg følte, at andre bare hoppede med på alt det, de fik at vide eller det, som flertallet syntes.

Det er typisk, at du som begavet ofte udviser en høj grad af selvstændighed. Det kan vise sig på forskellige måder:

1. Selvstyret læring:

Du har en stærk indre motivation til at lære og udforske dine interesser. Du er ofte autodidakt og bruger tid på selvstudier, læsning og eksperimenter uden at behøve nogen til at skubbe dig i gang.

2. Kreativ problemløsning:

Du har en tendens til at tænke kreativt og finde unikke løsninger på problemer. Denne evne til at tænke uden for boksen gør dig ofte mere selvstændig i din tilgang til udfordringer.

3. Personlig ansvarlighed

Som godt begavet tager du ofte ansvar for deres egen læring og udvikling. Du sætter høje standarder for dig selv og arbejder selvstændigt for at nå dine mål.

4. Initiativ

Du viser ofte en høj grad af initiativ, hvad enten det drejer sig om at starte nye projekter, lære nye færdigheder eller forfølge dine passioner. Denne drivkraft gør dig ofte til leder i dit eget liv og karrierer.

5. Modstand mod konformitet

Som højtbegavet kan du have en tendens til at modstå konformitet og følge din egen vej, hvilket kan føre til mere uafhængig tænkning og handling. Du er mindre tilbøjelig til at lade dig påvirke af gruppepres og samfundsnormer, hvis du føler, at din egen tilgang er mere effektiv eller meningsfuld.

Mens selvstændighed er en styrke, kan det også føre til udfordringer, såsom:

Isolation: Som en af de bedst begavede kan du føle dig isoleret, hvis du har svært ved at finde ligesindede.

Perfektionisme: Du kan sætte urealistisk høje standarder for dig selv, hvilket kan føre til stress og frustration.

Manglende accept af hjælp: Din selvstændighed kan gøre det svært for dig at acceptere hjælp fra andre, selv når det er nødvendigt.

Råd til at undslippe selvstændighedsfælden

Hvis du som højtbegavet føler dig fanget i din egen selvstændighedsfælde, er her nogle konkrete råd til at finde balancen:

Øv dig i at spørge om hjælp: Start småt! Bed en kollega om input til et projekt eller spørg en ven til råds om noget, du egentlig godt ved, men som kunne være sjovt at høre andres perspektiv på.

Deltag i grupper og fællesskaber: Sæt dig selv i situationer, hvor du naturligt skal samarbejde. Det kan være alt fra en bogklub til et arbejdsprojekt, hvor du frivilligt tager rollen som en del af teamet i stedet for solo-lederen.

Læg mærke til andres styrker: I stedet for at tænke *"jeg kan gøre det hele* *selv*", fokuser på, hvad andre bringer til bordet. Når du ser, hvordan andre bidrager, bliver det lettere at se værdien i samarbejde.

Accepter andres fejl (og dine egne): Ingen er perfekte, og det er faktisk helt okay. Øv dig i at se på fejl som en del af processen – både dine egne og andres. Det gør det lettere at være åben over for andres idéer og input.

Planlæg pauser til reflektion: Hvis du har tendens til at løbe solo, så planlæg tid, hvor du evaluerer, om du er gået i enmandsmode igen. Brug pauserne til at overveje, hvordan du kan involvere andre i dit næste træk.

Prøv noget nyt, hvor du ikke er eksperten: Kast dig ud i aktiviteter, hvor du faktisk har brug for at lære fra andre. Det kunne være at lære et nyt sprog, tage dansetimer eller deltage i et madlavningskursus – alt, hvor du ikke er den klogeste i rummet.

Ved at følge disse råd kan du tage skridt mod at balancere din superkraft af selvstændighed med den magi, der sker, når du arbejder sammen med andre.

Gammeldags

Noget af det, der virkelig gjorde det svært for mig at navigere i det sociale farvand, var de forskellige kommunikationsforventninger, som folk havde. Jeg var sådan én, der elskede at mødes med folk ansigt til ansigt og føre rigtige samtaler – du ved, dem hvor man kan se, når nogen ruller med øjnene. Men det der digitale, sociale liv - glem det! Jeg havde slet ikke lyst til at bruge så meget af min tid på at tale i telefon med bekendte og skrive beskeder. Og jeg gad heller ikke rigtigt alt det der med, at man hele tiden skulle sende billeder af alting til bekendte eller til potentielle dates. Faktisk forstod jeg det overhovedet ikke. Nogle gange prøvede jeg at hoppe med på vognen, men jeg mistede hurtigt interessen og kunne ikke følge med. En anden ting jeg overhovedet ikke gad var kommunikation på sociale medier. Jeg forstod ikke

Snapchat, og jeg var ligeglad med andres billeder på *Instagram.* Jeg var ligeglad med, hvad folk fik til morgenmad, hvor de havde været henne på ferie, eller hvilke sko de havde på. På det område har jeg aldrig været med på beatet, og jeg har utallige gange følt mig vildt umoderne, kedelig, gammeldags og ude af trit med den moderne verden. På samme tid følte jeg, at det var de andre, der var kedelige. Alt det der anonymitet og overfladiskhed på sociale medier var bare ikke noget for mig. Jeg værdsatte ægthed og dybere forbindelser i stedet, men jeg følte, at de var lige så svære at finde som enhjørninger.

Det sociale liv og begavelse

At være en af de bedst begavede betyder ikke nødvendigvis, at du er dømt til at leve som en social særling. Mange er faktisk ret gode til at navigere i sociale situationer – bare ikke nødvendigvis på den konventionelle måde. Myten om, at højtbegavede mennesker fungerer dårligt socialt, er lidt som at tro, at alle katte hader vand – der er en snert af sandhed, men det er langt fra hele historien. De bedst begavede kan sagtens være gode socialt og have en hel del sociale relationer, de trives i - især hvis de har fundet ligesindede. De kan desuden også sagtens have en høj emotionel intelligens, og mange af dem er rigtig gode til at forstå komplekse sociale dynamikker.

For at skrive denne bog, har jeg været i kontakt med flere af dem der ligger blandt de øverste fem procent for at få et mere nuanceret billede af det hele. Jeg har blandt andet lavet nogle spørgsmål til dem omhandlende deres sociale liv og udfordringerne ved deres begavelse. Det de fleste peger på i forbindelse med udfordringerne ved deres sociale liv er, at de føler, de stikker ud. Deres humor er anderledes, og de interesserer sig for nogle andre ting. Derudover har de brug for at blive stimuleret på en anden måde end flertallet, og de keder sig let ved ordinære samtaler og de standardaktiviteter, som andre finder underholdende.

Det er næsten en regel, at de mest begavede hjerner higer efter dybe og meningsfulde relationer. De blomstrer i selskab med mennesker, der kan matche deres intellekt og dele deres nørdede interesser. For dem er overfladiske samtaler som at tygge på pap – tørt, kedeligt og helt uden smag. Derfor søger de ofte forbindelser, hvor de kan kaste sig ud i diskussioner om komplekse idéer og dele deres passioner. Hvis de ikke får de rette sociale interaktioner, kan højtbegavede hurtigt føle sig som aliens strandet på planet Jorden – isolerede og misforståede.

Som begavet kan det være en udfordring at finde ligesindede, især i omgivelser, hvor dine særlige evner og interesser ikke ligefrem er alles kop te. Dette kan føre til ensomhed og en følelse af at være forkert. Den konstante følelse af at være anderledes kan få dig til at tvivle på, om du passer ind overhovedet. Og når du først begynder at føle dig forkert, tager det hurtigt en bid af din selvtillid, som en termit i et gammelt træhus. Det slider på selvværdet og forhindrer dig i at leve livet fuldt ud. Sociale dynamikker som gruppepres og normer kan føles som et minefelt, hvis du er en af de bedst begavede. Den naturlige tendens til at stille spørgsmålstegn ved autoriteter og jagte logik og retfærdighed kan nogle gange få dig til at gå på tværs af mere konventionelle tankemønstre. Det gør dig på mange måder til en stærk leder, men det kan også gøre det lidt tricky at navigere i de sociale hierarkier uden at træde nogen over tæerne. Som godt begavet risikerer du at havne i konflikter eller med at nogle af dine sociale relationer bliver trætte af dig.

For mange af de bedst begavede er der et konstant behov for at finde den gyldne balance mellem alenetid og socialt samvær. Selv om social interaktion er vigtig, har de også brug for tid til at fordybe sig i deres egne tanker og interesser uden forstyrrelser. At finde denne balance er nøglen til at opretholde både mental og følelsesmæssig sundhed. Og i virkeligheden er lidt alenetid også afgørende for at kunne grave dybt ind i vores sande natur og finde ud af, hvem vi virkelig er. Kun når vi er alene, kan vi fjerne lagene af andres forventninger og finde tilbage til den kerne, vi havde, før verden begyndte at skubbe os i forskellige retninger, og før vi blev forstyrret af andre folks meninger.

Ligesindede

Hvad sker der så egentlig, når de bedst begavede møder andre med høj IQ? Når højtbegavede mennesker møder ligesindede, opstår der ofte en helt særlig form for kemi – en slags intellektuel gnist, der kan være både berigende og lige så befriende som at smide sine sko efter en lang dag. Det er den slags møde, hvor to hjerner klikker sammen som de sidste brikker i et kompliceret puslespil. Endelig er der nogen, der kan følge med i dine tankespring, grine af dine skæve jokes, og kaste sig ud i dybe diskussioner om alt fra kvantefysik til filosofiske paradokser og diskussioner om, hvorfor bananer er krumme, uden at nogen falder fra halvvejs. De bedst begavede er nemlig hurtigt opfattende, og de forstår de fleste ting første gang uden at behøve at få gentagelser. For de bedst begavede kan det at møde andre på samme intellektuelle niveau være som at komme hjem. Jeg har hørt flere beskrive den følelse efter at have fundet ligesindede i foreninger. Samtalerne flyder frit på en anden måde og I kan dykke ned i dybe, abstrakte emner uden frygt for at blive misforstået eller fremstå nørdet. Emner, der normalt ville få folk til at kigge på uret eller skifte emne til vejret, får her lov til at udfolde sig i al deres nørdede herlighed.

Højtbegavede er ikke bare kvikke, de er også verdensmestre i at gruble over alt mellem himmel og jord. De analyserer, reflekterer, og overvejer, indtil deres hjerner koger som en overfyldt gryde. Og når de møder en anden på samme bølgelængde, kan det føles som at tage en dyb indånding efter at have holdt vejret alt for længe. Endelig er der nogen, der forstår deres intense interesser og deres evne til at se verden fra tusind forskellige vinkler.

Godt begavede, der ofte føler sig anderledes eller misforståede i mere konventionelle sociale kredse, oplever pludselig, at de ikke er alene. De møder mennesker, der muligvis deler deres intense interesser, deres søgen efter mening og deres evne til at se verden fra flere perspektiver. Det kan føles som et åndehul i en verden, der til tider kan føles overfladisk eller begrænsende. Mange af dem hævder, at de ikke dur til smalltalk, men smalltalk foregår også blandt de bedst begavede. Her handler det bare om nogle andre emner - store dybe emner eller tekniske finurligheder. Tit handler deres manglende interesse for normal småsnak om, at de ikke gider at høre på udpensling af banale detaljer. Det er ikke kun hjernen, der bliver stimuleret ved sådan et møde – det kan også være en følelsesmæssig åbenbaring. At blive set og forstået på et dybere niveau kan skabe stærke venskaber og relationer, der er stærkere end stål, og hvor man kan være sig selv fuldt ud. Det kan også føre til samarbejder og projekter, der rækker langt ud over det, man kunne have opnået alene.

De bedst begavede kan være som en frisk brise på en varm dag – ingen skjulte dagsordener, ingen bagtanker, bare ærlig snak lige ud af posen. De siger, hvad der falder dem ind, og nogle gange rammer det lige på kornet – måske lidt for meget på kornet. Der er ingen snedige forsøg på at sno dig rundt om deres lillefinger eller trække dig i en bestemt retning. Hvis de har styr på, hvad de vil, så er de tit lige så gennemsigtige som et vindue, der lige er blevet pudset. De spiller altid med åbne kort, så du ved præcis, hvad du har med at gøre. Det er nok også derfor, at de plejer at passe så godt sammen.

Hvis du som godt begavet leder efter ligesindede – nogen, der kan matche dine tanker, idéer og måske endda dit skøre humor-niveau – så er der heldigvis mange steder, hvor du kan finde din "tribe":

Netværksgrupper og foreninger: Tjek organisationer som Mensa eller andre lokale netværk for begavede. De arrangerer ofte møder, foredrag og sociale events, hvor du kan møde andre, der også elsker at nørde igennem og diskutere alt fra kvantefysik til filosofiske paradokser.

Kurser og workshops: Deltag i kurser, foredrag eller workshops, der handler om dine interesser. Uanset om det er avanceret matematik, kreativ skrivning eller skakturneringer, vil du møde mennesker, der deler dine lidenskaber og måske også din intelligens.

Online fællesskaber: Internettet vrimler med fora, grupper og platforme for højtbegavede. Sider som *Reddit*, *Quora* og specialiserede *Facebook*-grupper kan være fantastiske steder at finde samtalepartnere, der kan følge med i dine tankespring.

Specialiserede konferencer og events: Deltag i konferencer eller events inden for emner, der fascinerer dig. Her kan du både få ny viden og møde folk, der tænker lidt ligesom dig – eller måske endnu vildere!

Kreative og intellektuelle hobbyklubber: Overvej at deltage i klubber, hvor høj intelligens og kreativitet er en fordel – for eksempel bogklubber, debatklubber, brætspilgrupper eller kunstneriske sammenslutninger. Her kan du finde ligesindede, der elsker at udfordre hinanden.

Universiteter og akademiske miljøer: Selvom du ikke er studerende, kan du ofte deltage i åbne forelæsninger, diskussionsgrupper eller arrangementer på lokale universiteter. Her finder du folk, der er dybt engagerede i deres fagområder.

Når højtbegavede møder ligesindede, kan det være en oplevelse fyldt med gensidig respekt, inspiration og en følelse af tilhørsforhold, der kan være sjælden og ikke blot føles rar - men uvurderlig. Derfor er det bestemt værd at tage på jagt efter andre hjerner, der tænder på samme mentale frekvens som din egen – for når du finder dem, er det som at komme hjem til en fest, du ikke vidste, du havde ventet på.

7. IQ og jobs

Så er vi nået til det med jobmarkedet! Har jobs og IQ overhovedet noget med hinanden at gøre? Er højtbegavede de fødte chefer, eller er det bare en myte? Og er en høj IQ virkelig en billet til aldrig at opleve en dag som arbejdsløs? I dette kapitel får du svar på alt det – og selvfølgelig dykker vi også ned i, hvordan man trives på jobbet. Hold dig til, for det bliver godt!

At finde en læreplads i en frisørsalon var som en opskrift på en rigtig gyser-film. På frisørskolen lærte vi, at det ikke var nok bare at sende en ansøgning og håbe på at få et svar. Næh nej, vi skulle nærmest stalke frisørsalonerne. Vi skulle vende tilbage til det samme sted gang på gang for at vise, at vi virkelig ville det. Det var sådan, vi kunne være heldige at komme ind. Jeg hadede det. Det lå så langt fra min natur at presse på sådan. På den anden side elsker jeg en god udfordring, så jeg gav mig selv en konkurrence: Få den læreplads, om det så skulle kræve Oscar-værdigt skuespil. Og skuespil blev det. Jeg trådte ind i diverse saloner med min ansøgning under armen og lod som om, jeg var den mest udadvendte, snakkesalige, sprudlende kandidat, de kunne drømme om. Masken var på, og heldet var med mig - jeg fik en plads i en af byens saloner. Nu skulle jeg bare opretholde skuespillet i de par år, jeg skulle være i lære. Ha, piece of cake.

Jobs der passer til vores IQ og personlighed

Hvis vi skal trives, er det utrolig vigtigt, at vi finder et job, der passer til vores personlighed. Vi tilbringer mange af døgnets timer på vores arbejdsplads, og hvis ikke vi er glade for at lave det, vi laver, bliver hverdagene bare nogle, der skal overleves. Hvis vi kun lever for weekenderne og ferierne, så er det ikke meget tid, vi er i live. En begavet mand ved navn Jordan Peterson opstiller IQ som et vigtigt parameter for at vælge det rette job. Han fortæller, at det er vigtigt, vi finder et arbejde, der passer til vores IQ.[5] Selvom det ikke er sikkert, at højtbegavede ønsker et af de jobs, der ligger øverst på listen, så har de potentialet til at forfølge avancerede og specialiserede karrierer, der kræver høj intellektuel kapacitet. De kan udmærke sig inden for områder, der kræver innovation og kreativ problemløsning. Han peger desuden på, at en af grundene til, at det ofte er dem med den højeste IQ, der befinder sig i toppen af job-hierarkiet, er fordi, de når derop først. Hurtighed og høj IQ er nemlig tæt forbundet. Her kommer lidt eksempler på jobs, han putter indenfor de forskellige IQ-points:

~ **IQ på 116-130 plus**: Så kan man være en god ingeniør, udøvende leder, advokat, kemiker, forskningsanalytiker etc.
~ **IQ på 110-115**: Man kan være en succesfuld tekstforfatter, revisor, salgschef, programmør eller analytiker.
~ **IQ på 103-108**: Det kan for eksempel være passende med et job som butikschef, laboratorietester, bogholder, kundeservice, ekspedient, computer operatør, telefonsælger eller designer.
~ **IQ på 100-102**: Man kan arbejde som politibetjent, måleraflæser, elektriker-hjælper, dataindtaster, bankkasserer, receptionist.
~ **IQ på 95-98**: Sikkerhedsvagt, leder af fødevareafdeling, svejser, maskinoperatør eller tandlægeassistent.
~ **IQ på 87-93**: Man kan for eksempel blive sygeplejerskeassistent, budbringer, madservicemedarbejder, lagermand, pedel.
~ Som vi går ned ad listen, bliver jobopgaverne simplere og passer dermed bedre til folk med lavere IQ. **Under 87** er der stort set ingenting. Jobs til folk med IQ under 87 er der meget få af, og det peger Jordan Peterson på det som et stort problem. Hvad skal de mennesker gøre? Med en lavere IQ vil det ideelle job typisk være et, der fokuserer på praktiske og konkrete opgaver, hvor rutiner og klare instruktioner spiller en central rolle. Disse typer job kræver ofte mere fysisk indsats end kognitive evner og er mindre afhængige af abstrakt tænkning eller komplekse problemløsningsfærdigheder. Det kan for eksempel være lagerarbejde

---

5   Jordan Peterson, IQ and the Job Market

eller et rengøringsjob. I den amerikanske hær er det ulovligt at tage nogen ind med en IQ på under 83. Det svarer til 10% af befolkningen.

Hvis du som en af de bedst begavede finder et job, der passer bedst til folk med lavere IQ, vil du i mange tilfælde blive understimuleret og ikke kunne trives, ligesom folk med lavere IQ ikke vil kunne trives i jobs med større kompleksitet, da de ikke vil kunne løse opgaverne ordentligt. Det vil både gøre livet surt for dem selv og for kollegaerne. Alt er dog relativt, og nogle af de bedst begavede vil trives fint i et job, der også passer til folk med lavere IQ. Her vil jeg igen nævne Christopher Langan, som arbejdede som vagt i 20 år. Arbejdet som vagt passer også fint til dem med en IQ på 95.

Begavede ledere

På toppen af listen over IQ og jobs står "udøvende leder" prydet med en IQ på 116 plus. Det lyder jo ganske fornuftigt, men spørgsmålet om, hvorvidt du bliver en bedre leder af at være en skarp hjerneakrobat, er nu ret interessant at dykke ned i. Lederevner handler nemlig om en masse ting, og IQ er bare én af dem.

En høj IQ kan bestemt være en superkraft i mange situationer. Det hjælper, når du skal knække komplekse problemstillinger, jonglere med data og forudsige fremtidige katastrofer eller triumfer. Med andre ord er ledere med en høj IQ som stærke, analytiske ninjaer, der elegant kan danse gennem udfordringer og spinde effektive strategier ud af ingenting. Men hagen er, at den superskarpe hjerne også kan føre til udfordringer med lederskabet. Når du har en IQ, der ligger i den allerøverste del af skalaen, kan du risikere at overanalysere alt fra budgetter til, hvilken farve kaffekopperne skal have. Og hvis dine medarbejdere ikke kan følge med dit lynhurtige tankesæt, ender du måske med at blive en lidt utålmodig ninja, der foretrækker at gøre alt selv, fordi det bare går hurtigere og, lad os være ærlige, nok også bedre. Men det kan også føre til en enorm stress, når du konstant føler, at alt hviler på dine skuldre. Desuden er der det med kommunikationen. Som en leder med en superhøj IQ kan du have en tendens til at tale i koder, som kun de færreste forstår, selvom du måske føler, det er indlysende, det du siger. Omvendt kan du føle dig nødsaget til at forklare alting ned til mindste detalje, så det føles som om, du taler til en flok børnehavebørn. Resultatet bliver en skæv stemning, hvor medarbejderne enten føler sig hægtet af eller talt ned til.

På grund af det, er det på mange måder mest optimalt, hvis en leder har en IQ i den høje ende men stadigvæk indenfor den normale ende af skalaen, altså minus 120. Disse ledere er ofte stjerner til at navigere i det menneskelige landskab. De har en praktisk og jordnær tilgang, som gør dem gode til at relatere til deres team. De har ofte stærke kommunikationsevner og er gode til at motivere og inspirere deres team. Deres fokus ligger måske mere på de menneskelige relationer og den daglige drift frem for komplekse strategiske overvejelser, og det fører til, at de tit vil have et bedre samarbejde og forhold til deres kollegaer.

Arbejdstrivsel

Arbejdet er det sted, hvor vi tilbringer det meste af vores tid og forhåbentlig tjener nogle skillinger. De der skillinger er som regel ikke nok til at sørge for, at vi har det godt på vores arbejdsplads. Hvis vi har et arbejde, der passer dårligt til os som mennesker, så er vi på spanden. Det kan ødelægge hele vores generelle trivsel og dermed vores privatliv. Som begavet vil man tit have en veludviklet kritisk sans, og det kan medføre, at man stirrer sig lidt blind på de negative ting på arbejdspladsen. Mange begavede vil måske få udfordringer med tålmodigheden, hvis de hele tiden skal vente på dem, der ikke er lige så hurtige som dem selv. De kan blive frustrerede over, at deres kolleger besværliggør ting, der findes nemmere løsninger på. Det kan gå ud over arbejdsglæden. Deres ønske om selvstændighed og autonomi kan også komme i konflikt med hierarkiske strukturer og autoriteter på arbejdspladsen. Det kan som sagt også være, at de keder sig, fordi opgaverne er for rutineprægede, eller de ikke får nok opgaver til at udfordre deres intellekt. Man kan dog snildt risikere, at nissen flytter med, hvis man skifter job. Derfor kan det være en svær balancegang på arbejdspladsen at lade være med at lade sig gå på af unødvendige ting. Men det kan helt sikkert være værd at arbejde på, hvis man ellers har et godt arbejde, der passer godt til én. Det kan sagtens lade sig gøre at få en mere positiv tilgang og generel positiv tænkning, som kan føre til, at man bliver bedre til at sige *"pyt"*.

Hvis arbejdet derimod virkelig ikke passer, kan det være nødvendigt at finde et nyt. Det kan være både skræmmende og angstprovokerende at forlade et utilfredsstillende job, især med økonomiske forpligtelser hængende over hovedet. Der er stor usikkerhed forbundet med at stoppe på et arbejde, men for langt de fleste af os, vil det give bonus at følge vores hjerter og mavefornemmelse. Hvis vi altså overhovedet kan høre, hvad den prøver at fortælle os. Det var mit gennemgående problem, at det kunne jeg ikke. Jo, jeg kunne måske godt føle, at frisørvejen var den forkerte vej for mig at gå. Problemet var bare, at jeg ikke kunne finde andre veje. Jeg stolede heller ikke helt på mig selv og min intuition, især når jeg følte mig så anderledes end alle de andre. Måske skulle jeg bare overhøre mig selv for at passe ind?

Eftersom vi befinder os på vores arbejdsplads i så mange timer af vores liv, er det også utrolig vigtigt at finde et arbejde og et sted, der passer godt til os. Der kan være mange faktorer, der spiller ind på vores tilfredshed, og intelligens er en af dem, som Jordan Peterson påpeger. De færreste højtbegavede vil trives i en tøjbutik, ligesom lavt begavede næppe vil trives som ingeniører. Det er en balancegang, da mange af de godt begavede har en veludviklet kritisk sans og hurtigt kan finde fejl ved arbejdspladsen. Samtidig keder de sig hurtigt, hvis de ikke bliver stimuleret på rette vis.

Projekter udenfor arbejdet

I stedet for konstant at søge nye veje, kan det være meningsfuldt at arbejde på vores generelle tilfredshed med livet. Hvis vi er tilfredse med vores liv, vil vi ofte trives bedre på arbejdet. Ved at lære at se muligheder frem for begrænsninger bliver det nemmere at arbejde med det, vi har. Hvis vi også sørger for at søge stimulering uden for arbejdspladsen gennem hobbyer eller projekter, behøver vi måske ikke stille så høje krav til vores arbejdsplads og kolleger. Som højtbegavet kan du finde de helt rigtige projekter og hobbyer ved at følge din naturlige nysgerrighed og opsøge ting, der virkelig tænder din indre gnist. Start med at lave en liste over emner, der fascinerer dig – uanset om det er astronomi, madlavning, kryptografi eller at lære obskure sprog! Derefter kan du dykke dybt ned i ét område ad gangen og se, hvad der fanger dig mest. Eksperimentér og vær ikke bange for at kaste dig ud i nye, udfordrende aktiviteter – høj begavelse trives med kompleksitet og variation. Find fællesskaber online eller i virkeligheden, hvor du kan møde andre med lignende interesser, og husk, at du altid kan skifte kurs, hvis noget ikke længere føles spændende.

Generelle udfordringer på arbejdspladsen

De bedst begavede på arbejdspladsen støder ofte på nogle unikke udfordringer, som kan gøre deres daglige liv og karriereudvikling til lidt af en rutsjebanetur. For det første skifter mange højtbegavede ofte job, fordi de lynhurtigt keder sig, hvis arbejdet bliver for rutinepræget eller ikke tilbyder tilstrækkelig intellektuel stimulans. Når deres skarpe hjerner ikke får nok at bide i, begynder de at lede efter nye græsgange, hvor de kan bruge deres evner fuldt ud. Deres uudslukkelige nysgerrighed betyder, at de konstant vil lære nyt og udvikle sig, så de søger roller, hvor de kan vokse og udforske nye områder. Hvis de føler, at deres potentiale ikke bliver udnyttet, eller at deres idéer og input ikke bliver værdsat, er mange af dem hurtige til at pakke deres ting og finde et sted, hvor de kan skinne.

De bedst begavede tænker ofte flere skridt fremad og kan hurtigt se løsninger på problemer, der kan tage andre længere tid at forstå. Når de står over for langsomme beslutningsprocesser eller ineffektive arbejdsmetoder, kan deres tålmodighed hurtigt blive tyndslidt. De har svært ved at vente på, at tingene sker i deres eget tempo og kan blive frustrerede, når de føler, at deres tid og potentiale bliver spildt. Deres tendens til at stille spørgsmål ved etablerede processer og konstant søge forbedringer kan også skabe spændinger. Mens de måske ser deres forslag som nødvendige for fremskridt, kan andre opfatte dem som utålmodige eller utidige. Derudover kan de blive irriterede, når kolleger eller ledelse ikke handler hurtigt nok på deres idéer og løsninger.

På arbejdspladsen kan det være lidt af en skattejagt for de bedst begavede at finde nogen, der tænker på samme måde – og når de ikke gør, kan det hurtigt føles som at være den eneste marsmand blandt mennesker. Din evne til at tænke dybt og analysere ting til benet kan få andre til at kigge på dig som om, du lige har foreslået at opfinde hjulet igen – bare fordi du elsker komplekse løsninger. Som i andre situationer kan du også have tårnhøje forventninger, både til dig selv og til dem omkring dig, hvilket nemt kan skabe både stress og gnister. Og når du så er den, der spotter hullerne i skuden, mens andre stadig danser på dækket, kan dine advarsler og forslag let blive afvist eller ikke taget alvorligt. Det kan føles som at råbe til et bjerg – og få ekkoet af din egen frustration tilbage.

Høj IQ og arbejdsløshed

En høj IQ er ingen garanti for aldrig at gå ledig på arbejdsmarkedet. Jeg har selv været der et par gange. Jo længere tid jeg gik uden arbejde, jo mere begyndte dovenskaben at sætte ind. Jeg blev doven og ugidelig, og jeg kunne pludselig slet ikke forestille mig, hvordan jeg skulle få tid til et fuldtidsarbejde igen. Dagen blev fyldt på forunderlig vis, selvom jeg bare gik arbejdsløs derhjemme. Humøret blev til gengæld forringet. Når du har en høj IQ kan det sommetider være svært at finde et job af flere grunde, der går ud over den intellektuelle kapacitet. Her er nogle af de mest almindelige udfordringer:

Overkvalifikation: Som en af de bedst begavede har du ofte kvalifikationer, der overstiger kravene til mange job. Arbejdsgivere kan frygte, at din superhjerne hurtigt vil kede sig og forsvinde ud ad døren på jagt efter noget mere spændende. Det kan føre til, at du bliver afvist, selvom du er mere end kvalificeret.

Søgen efter meningsfuldt arbejde: Som godt begavet søger du ofte job, der ikke blot udfordrer dig intellektuelt, men også giver dig en følelse af mening og formål. Du er som jobverdenens gourmet, der ikke bare nøjes med en kedelig cheeseburger, men leder efter den perfekte trøffelravioli. Resultatet er, at din jobsøgning kan tage lidt længere tid, fordi du simpelthen ikke vil nøjes med hvad som helst.

Nicheinteresser: Som mange af de andre begavede har du passioner, der er så specifikke, at de får almindelige jobbeskrivelser til at ligne menukortet på en fastfood-restaurant. "Jeg leder efter et job, hvor jeg kan kombinere kvantefysik med middelalderkunst?" Held og lykke med at finde det i den gennemsnitlige jobbank!

Arbejdspladskultur: Med en høj IQ kan du føle dig som isbjørn i en ørken, når du træder ind i en arbejdspladskultur, der ikke matcher din måde at tænke på. Du er ikke altid lige vild med stramme hierarkier og konventionelle måder at gøre tingene på. Hvis det ikke føles rigtigt, hopper du hellere videre end at slå dig ned.

Perfektionisme og selvtvivl: Som velbegavet sætter du barren så højt for dig selv, at du nogle gange ender med at snuble over den. Selvom du objektivt set er superkvalificeret, kan du tvivle på, om du virkelig er god nok. Denne selvtvivl kan gøre dig lidt tøvende over for at søge eller tage et job, hvis det ikke føles som den perfekte pasform.

Kommunikative udfordringer: Der kan opstå misforståelser, hvis du har en kommunikationsstil, der er for langt fra gennemsnittet. Som godt begavet kan du nogle gange tale som om, du er på en anden planet – dine idéer er så avancerede og abstrakte, at kolleger og arbejdsgivere ikke kan følge med. Dette kan gøre det svært for dig at sælge dig selv under jobsamtaler eller at blive forstået i dit daglige arbejde.

Disse faktorer kan alle gøre det vanskeligere at finde et job, der virkelig passer til dig, selvom du har masser af talent og evner at byde på.

Hvilket job passer til dig?

Lad os være ærlige: De bedst begavede kan finde det lidt udfordrende at finde et job, der ikke får dem til at tælle minutterne til frokost. Langt de fleste arbejdspladser er indrettet til at passe til flertallet - altså den brede midtergruppe med en IQ på knap 100. En betydelig del af dem med en noget højere IQ kan være utilfredse med deres arbejde eller have svært ved at finde et, der passer til dem. For eksempel oplever en del, at deres arbejdsmiljø ikke udnytter deres fulde potentiale, hvilket kan føre til kedsomhed og frustration. Hvis du har svært ved at finde et job, der passer til dig og din personlighed og intelligens, vil jeg især anbefale, at du laver en liste over dine styrker og svagheder. Tænk på tidligere erfaringer, hvor du har trivedes og følt dig udfordret på en positiv måde. Hvornår har du sidst følt dig glad i noget, du har lavet? Er det muligt at gøre dét til en levevej?

Du kan også benytte dig af personligheds- og karrieretests som Myers-Briggs Type Indicator (MBTI) eller Holland Code (RIASEC) for at forstå dine personlighedstræk og interesser. Disse tests kan give indblik i, hvilke jobtyper der passer bedst til dig.

Til slut kan det også være en mulighed at tage et frivilligt arbejde eller praktikstillinger for at få praktisk erfaring og se, om jobbet passer til dig, inden du søger om ansættelse.

8. Følelser og tanker

Nu skal vi dykke ned i emnet præstationsangst og den der alt for realistiske sans, der kan spolere selv de bedste planer. Men det stopper ikke der! Vi skal også tale om ubeslutsomhed og hvad der sker, når begavede kobler hovedet fra kroppen. Det hele pyntes med min egen lille saga om mit storslåede ophold i en frisørsalon.

Selvom jeg troede, jeg havde det skidt på frisørskolen, så var det ingenting i forhold til rædslerne i salonen. Det var det mest dræbende, jeg nogensinde havde prøvet. Jeg hadede alt ved mit nye arbejde - arbejdstiderne, arbejdsforholdene, chefen, ja selv den måde sakseklippet lød på. Hver morgen, når jeg vågnede, føltes det som om, jeg skulle trække mig selv gennem et lag af kviksand for at komme ud af sengen. Jeg brugte uendelig meget tid på at overveje, om jeg kunne slippe afsted med at melde mig syg bare for at undgå endnu en dag i helvede. Det eneste lysglimt var, når de sendte mig ud i byen for at hente et eller andet. Så var jeg fri i de par minutter, det varede. Jeg vidste godt, jeg var havnet på den helt forkerte hylde, men jeg anede ikke, om der overhovedet fandtes en hylde, der passede til mig. Arbejdsopgaverne var frygteligt kedelige - som at se maling tørre i slowmotion. Værre var det, at jeg skulle spille en rolle, jeg overhovedet ikke passede ind i. En frisør skulle være udadvendt og snakkesalig, men jeg kunne simpelthen ikke finde ud af det. Hver gang jeg forsøgte at smalltalke med kunderne, føltes det lidt som at trække tænder ud. Og så var der chefen. Jeg havde en fornemmelse af, at hun konstant stod og holdt øje med mig, som en ørn der kredser over sit bytte, for at sikre sig, at jeg var tilstrækkeligt udadvendt og sagde de rigtige ting. Det gjorde mig så nervøs, at jeg næsten ikke turde åbne munden. Jeg hadede følelsen af at være overvåget og bedømt, især når jeg var usikker på, hvad jeg overhovedet skulle sige. Resultatet var, at jeg frøs fuldstændigt. Jeg blev handlingslammet og præsterede altid meget dårligere, end jeg ville have gjort, hvis ingen kiggede på mig. Jeg følte mig fanget i en rolle, jeg ikke kunne spille, i et job, jeg ikke kunne lide, og i en hverdag, jeg desperat ønskede at undslippe.

Præstationsangst

Forestil dig, at din hjerne er en supercomputer, men at nogen har glemt at installere den nyeste version af "Selvtillid 2.0." Sådan kan det føles at have høj begavelse og præstationsangst samtidig. Du har måske evnen til at huske alle verdens hovedstæder i alfabetisk rækkefølge, men når det kommer til at præstere foran andre, føles det som om, nogen har trukket stikket ud af din hjerne. Præstationsangst er som den irriterende kollega, der dukker op til alle møder uden at være inviteret. Du ved måske, du kan gøre arbejdet – men pludselig sidder du der og stirrer på en tom skærm, mens din hjerne kører rundt i cirkler og kun producerer én tanke: "Hvad nu hvis jeg fejler?" Når du er godt begavet, kan du snildt komme til at stille høje krav til dig selv og føle et stort pres for at leve op til egne og andres forventninger.

Høj begavelse betyder ofte også, at du er virkelig god til at forestille dig alle mulige scenarier. Og det er her, problemet opstår. For i stedet for at tænke på, hvor godt din præsentation kan gå, forestiller du dig alle de måder, hvorpå tingene kan gå galt: Måske snubler du, måske går din PowerPoint i sort, eller måske stiller nogen et spørgsmål, du ikke kan svare på. Måske opfører du dig bare akavet. Men her er det sjove: Den samme hjerne, der skaber alle disse katastrofale scenarier, er også den hjerne, der kan tænke sig ud af dem. Det kræver bare at skifte tankegang fra "Hvad nu hvis jeg fejler?" til "Hvad nu hvis jeg faktisk klarer det fantastisk?" Det kræver i virkeligheden et stort mod at lade dig selv tro på, at du kommer til at lykkes godt med noget, du har sat dig for. For tænk nu, hvis du skuffer dig selv, dine bedsteforældre eller din nabo? Det kræver, at du tør tro på dig selv. Det gjorde jeg ikke. Jeg turde ikke tro på, at jeg var god til at snakke med kunderne i salonen og god til at opføre mig naturligt. Det var en af de største årsager til, at jeg hadede mit arbejde så meget. Jeg skulle tvinge mig selv til at gøre det, jeg følte mig allerdårligst til.

Konkurrence

En dag sagde min chef til mig, at jeg jo slet ikke var sprudlende og imøde-kommende på samme måde som deres anden elev. Tell me about it! Så havde hun altså opdaget det. Det var også temmelig svært at skjule. Jeg var sådan cirka lige så sprudlende som en flad sodavand i det miljø. Jeg følte mig som en skygge af mig selv, uden nogen som helst personlighed. Jeg tvang mig selv til at spille en rolle, der slet ikke passede til mig. Hvis jeg ikke engang kunne finde ud af at arbejde i en frisørsalon og smalltalke med kunderne, hvad kunne jeg så overhovedet finde ud af? Hvor svært kunne det lige være? På trods af at jeg hadede mit arbejde, så følte jeg, at jeg var nødt til at fortsætte. Jeg måtte færdiggøre det, jeg startede. Jeg var jo ikke nogen quitter, vel? Jeg skulle bare lige over de første tre måneder, som er prøveperioden. Jeg havde hørt, at der var forholdsvis meget udskiftning i frisørelevernes prøveperioder, og mange klarede den ikke igennem de første måneder. Eleverne blev fyret eller udskiftet, hvis de ikke var det rette match til salonen, eller hvis cheferne ikke syntes, de gjorde deres job godt nok. Hvis man kom over prøvetiden, var man virkelig svær at få fyret som elev.

Jeg overlevede på mirakuløs vis de første to måneder. En dag kom der en fyr ind i salonen, som gerne ville tale med chefen. Han havde et stykke papir i hånden. Undervejs havde der været mange håbefulde elevansøgere derinde for at spørge, om de manglede en elev. Det gjorde de naturligvis ikke. De havde jo lige ansat mig. Min chef tog den omtalte fyr med om i baglokalet, og der gik noget tid, før de kom ud igen. Jeg vidste godt, at der var mangel på mænd i frisørfaget, og at de derfor var i høj kurs, når salonerne skulle finde elever. "Vi tales ved", sagde fyren muntert, da han forlod salonen, og jeg følte mig truet. De næste par dage var jeg endnu mere elendig til at være naturlig i mit job end ellers. Nu følte jeg mig virkelig bedømt og vejet på hver enkelt ting, jeg foretog mig. Jeg følte mig bedømt af chefen og af de andre kollegaer, som jeg var sikker på sladrede om de ting, jeg foretog mig, eller ikke foretog mig, og sagde dem videre til chefen. Jeg følte mig bedømt på mine snakkefærdigheder og på min evne til at smalltalke. Selvfølgelig følte jeg mig også vurderet på mine evner til at vaske hår, gøre rent, farve bryn og vipper og hvad jeg nu ellers lavede, men det var slet ikke det, der gjorde mig særlig nervøs eller usikker. Det var mine sociale færdigheder. Jeg forsøgte hele tiden af afveje stemningen. Opførte chefen eller kollegaerne sig anderledes end normalt? Ville de udskifte mig?

Begavelse og realistisk sans

At du er godt begavet kan ofte være forbundet med en stærk realistisk sans på grund af evner inden for analytisk tænkning, kritisk tænkning, forudseenhed og problemløsning:

1. **Analytisk tænkning:** Som en af de bedst begavede har du en tendens til at analysere situationer grundigt og overveje mange forskellige aspekter. Denne analytiske tilgang kan gøre dig i stand til at forstå og vurdere situationer realistisk, idet du ser tingene, som de virkelig er, snarere end som du kunne ønske, de var.
2. **Kritisk tænkning:** Evnen til kritisk tænkning, som er fremtrædende hos mange begavede, hjælper dig med at skelne mellem faktum og fiktion. Du er god til at vurdere beviser, stille spørgsmål ved antagelser og trække velbegrundede konklusioner, hvilket bidrager til en realistisk opfattelse af verden.
3. **Forudseenhed:** Som begavet kan du ofte forudse konsekvenserne af handlinger og beslutninger, hvilket er en vigtig del af at have en realistisk sans. Din evne til at tænke flere skridt fremad hjælper dig med at undgå urealistiske forventninger og handlinger.
4. **Problemløsning:** Dine avancerede problemløsningsfærdigheder betyder, at du som begavet person kan håndtere komplekse problemer på en realistisk måde. Du kan udvikle praktiske løsninger baseret på en nøjagtig vurdering af situationen og de ressourcer, der er til rådighed.
5. **Bevidsthed om begrænsninger:** Som begavet er du ofte

meget bevidst om både dine egne og andres begrænsninger. Denne bevidsthed hjælper dig med at sætte realistiske mål og forventninger, hvilket er en vigtig del af at have en realistisk sans.

Selvom en realistisk sans er fantastisk, kan det også føre til overanalyse eller unødvendig bekymring, hvilket kan være en hindring for realistisk handling. Jeg kom selv tit til at overanalysere på situationer, og hvis jeg tidligere havde haft ret i, at der ville ske noget, jeg frygtede, var jeg mere tilbøjelig til at tænke, at det var det, der kom til at ske igen, og at det var det, der var mest realistisk. Realismen endte i virkeligheden med at blive til pessimisme, og tidligere i livet forstod jeg ikke at bruge min realistiske sans til en egentlig fordel. Når du er ekstra intelligent, kan du tit regne ud på forhånd, hvad der kommer til at ske. Faktisk bliver det lidt som at have en krystalkugle, der viser dig alle de kommende katastrofer. Du ved præcis, hvad der kan gå galt, og du kan allerede se det ske for dig – og selvfølgelig sker det. Resultatet er, at du ender med at føle dig som en evig pessimist med VIP-billet til skuffelsens klub.

En stærk realistisk sans kan også være en stopklods for vores udvikling og for at nå vores mål og drømme. Vi kan komme til at vurdere, at noget er umuligt eller ikke kan lade sig gøre, selvom det ville have været muligt, hvis blot vi lod os selv tro på det. Hvis vi konstant ser begrænsninger og udfordringer, kan det være svært at finde motivationen til at forfølge store mål eller drømme. En stærk realistisk sans kan også hæmme fantasien og kreativiteten, da vi kan være mere fokuserede på, hvad der er praktisk og muligt, snarere end på nye og innovative idéer. Realistiske personer kan desuden have tendens til at virke afvisende eller mindre støttende over for andres drømme og ambitioner, hvilket kan påvirke sociale relationer negativt.

På den anden side er der også flere fordele ved at have en god portion realisme i rygsækken. En realistisk sans er som en indbygget GPS, der hjælper dig med at navigere uden om de værste faldgruber og træffe beslutninger, der er baseret på fakta i stedet for drømmespind. Det kan derfor minimere de ubehagelige overraskelser, som livet ellers har det med at kaste i hovedet på os. Og med realisme som din faste følgesvend får du et solidt fundament til at træffe beslutninger, der holder vand i længden og baner vejen for langsigtet succes. Hvis vi kan holde pessimismen i skak, så kan vi mere succesfuldt sætte og opnå vores mål og drømme.

Overvind den overdrevne realisme

Hvis du som højtbegavet har en tendens til overdreven realisme – hvor din hjerne konstant kører i en praktisk *"hvad kan gå galt?"*-tilstand – kan det være tid til at slippe lidt af den grå filter og invitere mere fantasi og optimisme ind i dit liv! Start med at give plads til dagdrømmeri: Tillad dig selv at forestille dig de mest skøre og urealistiske scenarier uden at analysere dem ihjel. Det kan være som en mental træning, hvor du skubber grænserne for, hvad du normalt ville tænke som muligt.

Øv dig i at se det positive i ting, selv i de mest realistiske situationer, ved at lave små lege ud af at finde mindst én fantastisk ting ved hver kedelig eller udfordrende begivenhed. Omring dig med kreative mennesker og aktiviteter, der får dig til at tænke ud over det rationelle – kunst, musik, skønlitteratur eller hvad som helst, der bryder med det logiske mønster.

Mind dig selv om, at ikke alt i livet skal være praktisk eller realistisk – nogle gange er det de mest fantastiske, ulogiske drømme, der fører til de mest spændende oplevelser. Lad din fantasi få frit løb og husk, at det ikke kun er okay at være urealistisk af og til – det kan også være rigtig sjovt! Det er okay at give slip.

Den forkerte hylde

Det jeg frygtede, der ville ske, kom til at ske! En tirsdag formiddag ringede telefonen i den ene af frisørsalonerne. Min chef havde to, og hun var på arbejde i den anden salon end mig. Det var hende, der var i den anden ende af røret. Hun ville gerne tale med mig, og hun bad mig om at komme ned i hendes salon et par timer senere. Da vidste jeg godt, hvad klokken var slået, og det var et par lange timer på arbejdet, indtil vi havde vores samtale. Hun fortalte mig, at hun ikke mente, at jeg passede så godt ind i salonen, så hun syntes, vi skulle ophøre samarbejdet. Selvom det var en lettelse, føltes det også som et kæmpe nederlag. Tænk at jeg ikke engang var god nok til at være frisør! Min selvtillid faldt til et uhyggeligt lavt sted, og jeg skammede mig over at blive afskediget på den måde. Nu ville både venner og familie tænke, at jeg ikke var god nok. Det gad jeg virkelig ikke have. Jeg overvejede ikke et sekund at forsøge at finde en anden elevplads. For det første tænkte jeg, at de aldrig ville ansætte en, der var blevet fyret fra en anden salon, og for det andet var det gået op for mig, at jeg ikke kunne holde ud til at være i frisørfaget. Det var overhovedet ikke noget for mig.

Jeg havde virkelig vanskeligt ved at finde ud af, hvad jeg skulle stille op med mit liv. Jeg følte mig som en firkantet klods i et rundt hjul. Jeg var bare ikke på den rette hylde nogen steder, og der var ikke rigtigt noget, der tiltalte mig. Jeg begyndte at overveje, om det var fordi, jeg var dårlig til at arbejde med mennesker. Måske skulle jeg finde et arbejde, hvor jeg sad helt alene på et lager eller et kontor. Men det lød også bare helt afsindigt kedeligt. Jeg vidste i al fald, at jeg ikke skulle arbejde i servicefaget mere. Selvom jeg slet ikke gad servicere folk, havde jeg et lille bijob, hvor jeg lavede kunstige negle og øjenvipper på kunder privat. Jeg havde altid gang i alle mulige ting, selvom jeg følte, jeg ikke havde gang i noget. Jeg overvejede flere gange, om jeg ikke bare kunne finde en mand, der syntes, det var fint, hvis jeg var hjemmegående, mens han gik på arbejde og tjente pengene. Jeg følte mig helt afsindigt doven, selvom jeg godt vidste, at jeg faktisk i virkeligheden slet ikke var doven. Jeg var bare udbrændt i ting, der ikke passede til mig, og jeg var ligeglad med de ting, jeg lavede - jeg skulle bare overleve.

Hvad vil du med dit liv?

Det er faktisk ikke så ualmindeligt, at de bedst begavede har svært ved at finde ud af, hvad de vil med livet. Mange af dem kan være nødt til at afprøve flere karrierer og stier for at finde ud af, hvad der passer dem bedst. Det er heller ikke unormalt, at de oplever mange karriereskift. Nogle af de mest almindelige årsager til, at det kan være svært, kommer her:

1. Bred interesse

De bedst begavede har ofte mange interesser og evner inden for forskellige områder. Denne bredde kan gøre det svært at vælge én sti at følge, da de kan føle, at de går glip af muligheder ved at fokusere på kun ét område.

2. Perfektionisme

Deres tendens til perfektionisme kan gøre dem mere forsigtige og usikre i deres valg. De ønsker måske at finde den "perfekte" karriere eller livssti, hvilket kan være en urealistisk målsætning og føre til tøven og usikkerhed.

3. Høje forventninger

Begavede personer sætter ofte høje forventninger til sig selv, både fra dem selv og fra omgivelserne. Disse forventninger kan skabe pres og forvirring om, hvad der vil være det mest tilfredsstillende og meningsfulde valg.

4. Bevidsthed om konsekvenser

Deres evne til at se langt frem og overveje konsekvenserne af deres valg kan gøre beslutningsprocessen mere kompleks. De kan være meget bevidste om de potentielle fordele og ulemper ved forskellige valg, hvilket kan føre til tøven.

5. Manglende struktur

De trives ofte med udfordringer og stimulation. Hvis deres omgivelser eller uddannelsesinstitutioner ikke tilbyder tilstrækkelig vejledning eller struktur, kan de have svært ved at finde deres vej.

6. Selvrefleksion og identitet

De bruger ofte meget tid på selvrefleksion og kan kæmpe med at finde en identitet eller livsvej, der føles autentisk og meningsfuld. Dette kan føre til en længere søgeproces efter deres sande interesser og passioner.

Tips til at finde ud af, hvad du vil!

For de bedst begavede kan det at finde ud af, hvad de vil med livet, føles som at stå ved et kæmpe buffetbord fyldt med spændende retter. Enten vil du gerne smage det hele, eller også er der næsten ingenting, der falder i din smag. Her er nogle tips til at hjælpe dig med at navigere i mulighedernes hav:

Prøv en masse ting: Se livet som en eksperimentel legeplads. Test forskellige interesser, passioner eller idéer af – fra astronomi til madlavning eller fra filantropi til teknologi. Hver erfaring kan give dig en bedre idé om, hvad der virkelig tænder din gnist.

Reflektér over dine styrker og værdier: Tænk over, hvad du er virkelig god til, og hvad der giver dig mening og glæde. Spørg dig selv: *"Hvilke aktiviteter får mig til at føle mig mest levende?" "Hvad vil jeg gerne bidrage med til verden?"*

Lyt til mavefornemmelsen: Din intuition kan ofte fortælle dig mere, end du tror. Hvis noget føles rigtigt eller spændende, så dyk ned i det og se, hvor det fører dig hen.

Find en mentor eller rollemodel: Sommetider kan de bedst begavede have svært ved at finde rollemodeller, men prøv at tale med dem, du beundrer mest, som måske selv har været igennem en lignende rejse. De kan give dig inspiration og råd til, hvordan du kan finde din egen vej.

Tag små skridt fremad: I stedet for at prøve at løse livets store spørgsmål på én gang, så start med små skridt i retningen af det, der interesserer dig mest. Juster undervejs og vær åben for, at din rejse kan tage uventede og spændende drejninger.

Ved at kombinere disse tilgange kan du langsomt begynde at finde ud af, hvad du virkelig vil – og hvordan du kan bruge dine talenter og din intelligens til at skabe det liv, der føles rigtigt for dig!

Følelser og reaktioner

Heldigvis kom jeg fra ideen med at finde en mand, der ville lade mig gå hjemme og se Netflix hele dagen. På dette tidspunkt var jeg allerede i et forhold med en fyr, som jeg var sammen med i fire år. Jeg har altid haft svært ved at mærke mine egne behov i romantiske forhold. Det var som om, jeg havde en indre GPS, der konstant mistede signalet, når jeg var sammen med andre mennesker. Især i starten af et kæresteforhold blev det virkelig slemt. I stedet for at følge min egen rute, forsøgte jeg at opfylde deres behov og ruter i stedet. Jeg har aldrig været specielt god til at tale om eller vise mine følelser, så jeg har heller aldrig følt mig hjemme i det. Derfor reagerede jeg heller ikke spontant, når der var noget, der generede mig, eller jeg fik overskredet mine grænser. I stedet brugte jeg lang tid på at fundere over, om det mon var rigtigt at reagere på ting, og det resulterede i, at jeg ofte først reagerede på ting flere dage efter, de var sket. Jeg havde utrolig svært ved at mærke mine følelser helt generelt, og jeg var konstant i tvivl om, hvorvidt jeg overhovedet følte noget for min kæreste. Jeg spekulerede på, om jeg måske bare var en følelsesmæssig robot. Var jeg megakræsen og kritisk i forhold til andre? Var det på grund af mit forhold til mine forældre, der altid havde været lidt anstrengt? Var jeg bange for at få følelser for mænd, fordi min far blev alvorligt syg, da jeg var ung? Eller var min kæreste bare overhovedet ikke den rette for mig? I virkeligheden var det nok en cocktail af alle disse ting, serveret med et twist af eksistentiel forvirring. Jeg forklarede det mest med, at min far få år forinden havde fået en kæmpe hjerneblødning, som han var lige ved at dø af. Efter hjerneblødningen blev han aldrig sig selv igen, og det gik herefter ned ad bakke med blodpropper og epilepsi, der brændte hans hjerneceller af. Efter episoden med hjerneblødningen var det som om, at jeg havde fået sværere ved at føle noget for andre mennesker. Måske var jeg bange for, at de skulle forsvinde igen, ligesom jeg havde oplevet det med min far. Måske lukkede jeg ganske enkelt af for mine følelser, fordi det var for svært og vanskeligt at forholde sig til. I stedet forsøgte jeg at tænke mig til alting og brugte min logik til at finde ud af, hvad jeg burde føle. Jeg havde ligesom koblet hovedet fra kroppen, som om de to dele var blevet uvenner og ikke talte sammen længere. Sådan stod det på i mange år, og det fungerede overraskende nok ikke særlig godt. I stedet endte jeg med at blive separeret fra mig selv.

Når begavede kobler hovedet fra kroppen

Når du er godt begavet, kan du ofte finde dig selv fanget i dit eget hoved. Måske har du haft nogle knap så festlige oplevelser tidligere i livet, hvor din ekstra følsomhed gjorde dig mere sårbar, og du frøs som en isklump i en snestorm. I stedet for at rode rundt i den smertefulde sump af følelser, valgte du at trække stikket til dine følelser og klatre op i din mentale trætop for at undgå det hele. Hvis det lyder bekendt, står du måske nu med udfordringen, hvor du ikke længere kan mærke dine følelser – i stedet prøver du at tænke dig frem til dem, som om de var et vanskeligt matematikproblem. Det er ret almindeligt, at de mest begavede kan have svært ved at mærke deres følelser, fordi deres hjerne simpelthen kører på overdrive. Det kan skyldes en cocktail af intellektuelle, psykologiske og sociale faktorer:

1. **Overanalysering**: Som en af de bedst begavede har du ofte en tendens til at overanalysere dine tanker og følelser, hvilket kan gøre det svært at opleve følelserne direkte. Du kan forsøge at intellektualisere deres følelser i stedet for at mærke dem.

2. **Perfektionisme**: Perfektionisme kan føre til, at du som begavet person undertrykker dine følelser, især negative følelser, for at opretholde en facade af kontrol og kompetence.

3. **Intensitet**: Du kan opleve følelser mere intenst, hvilket kan være overvældende og føre til, at du distancerer dig fra dine følelser for at beskytte dig selv.

4. **Fokus på intellektuelle aktiviteter**: Du kan være meget fokuseret på intellektuelle aktiviteter og præstationer, hvilket kan føre til, at du prioriterer tanker over følelser og dermed mister kontakten med din følelsesmæssige side.

5. **Sociale udfordringer**: Hvis du som en af de bedst begavede føler dig anderledes eller isoleret, kan du have svært ved at dele og udtrykke dine følelser, hvilket kan føre til indre konflikter og en manglende forståelse af dine egne følelser.

6. **Manglende emotionel uddannelse:** Du kan have fået mindre træning i at forstå og håndtere følelser, især hvis dine intellektuelle evner har været i fokus gennem deres opvækst.

Din evne til at tænke dybt og være mega selvbevidst kan faktisk give dig en superkraft: Du kan forstå dine egne følelser og tanker bedre end de fleste andre! Men som med alle superkræfter kræver det lidt træning at mestre dem

– især hvis det her med følelser er lidt en jungle for dig. Prøv nogle øvelser, der får dig til at være mere til stede i nuet, som meditation eller mindfulness – det er som at give din følelsesmæssige GPS en opdatering. Hvis du er mere til pen og papir, kan dagbogsskrivning være en fremragende måde at få styr på tankerne og finde ud af, hvad der egentlig rører sig indeni dig. Og hvis du elsker kreativitet, kan kunst, musik eller andre kreative udfoldelser være geniale redskaber til at få fat i de der følelser og give dem en stemme. Så prøv dig frem – måske finder du en helt ny måde at forstå dig selv på!

Ubeslutsomhed

Jeg brugte flere år på at overveje, om jeg skulle blive i mit omtalte forhold eller smutte, og jeg kunne simpelthen ikke nå frem til en konklusion. Det var ligesom at prøve at løse en kæmpe Sudoku med usynlige tal - umuligt og ret irriterende. Jeg ville jo ikke vælge forkert, og sådan havde jeg det med alt. Det gjaldt både mænd, restaurantbestillinger og alt derimellem. Jeg kunne bruge en evighed på at beslutte, om jeg skulle vælge nachos eller sandwich på caféen. Og når jeg så endelig havde valgt, brugte jeg de næste ti minutter på at spekulere på, om jeg skulle løbe op og høre tjeneren, om det var for sent at ændre bestillingen. Jeg tænkte og analyserede alt meget mere end gennemsnittet, og det gjorde mig ret konfliktsky. Jeg forsøgte altid at opfylde andres behov i stedet for mine egne, fordi jeg ikke ville såre nogen eller gøre noget forkert. Jeg vidste godt, at jeg burde forlade forholdet, men jeg kunne simpelthen ikke nænne det. Det var meget lettere at spille skuespil og overse mine egne behov. Jeg tænkte, at jeg var stærk nok til at klare det, selvom jeg ville have det bedre alene. Da jeg endelig fik taget mig sammen til at afslutte forholdet, kunne jeg alligevel ikke gøre det helt. Jeg bad om en pause, selvom jeg vidste, at der ikke var nogen chance for, at vi ville finde sammen igen.

Begavede og ubeslutsomhed

Når du er godt begavet, har du ofte en imponerende evne til at analysere og overveje alle mulige udfald og konsekvenser af en beslutning. Det lyder jo umiddelbart som en superkraft, men det kan faktisk føre til noget helt andet – nemlig ubeslutsomhed. Når du kan se alle de forskellige muligheder, og måske endda forestiller dig en lang række scenarier for hver eneste lille beslutning, kan det være svært at tage et skridt i én retning uden at blive fanget i tankens spindelvæv. Denne analytiske tænkning kan få dig til at sidde fast i en evig overvejelse om, hvad der er det bedste valg, og som resultat kan du blive hængende i situationer, der måske ikke længere er gode for dig. Du vejer for og imod, overvejer alle tænkelige risici, og ender nogle gange med ikke at træffe en beslutning overhovedet – eller i hvert fald ikke lige med det samme. Det er som at stå foran en buffet med tusind retter, hvor du er bange for at vælge det forkerte måltid og gå glip af noget endnu bedre. Denne overanalysering kan føre til, at de bedst begavede bliver i situationer eller forhold for længe, simpelthen fordi de ikke vil risikere at træffe en forkert beslutning og miste noget potentielt værdifuldt. Ironisk nok kan denne frygt for at vælge forkert føre til stagnation og frustration, hvor de aldrig helt får smagt på livet, fordi de er fanget i overvejelsens limbo. Hvis du selv bøvler med ubeslutsomhed, kan følgende være en hjælp:

Sæt klare kriterier: Lav en liste over, hvad der virkelig betyder noget for dig i den beslutning, du skal tage. Ved at have nogle klare kriterier bliver det lettere at skære igennem alt støjen og vælge det, der passer bedst.

Brug tidsbegrænsninger: Giv dig selv en deadline for at tage en beslutning. Nogle gange hjælper det at sætte en klar tidsramme – som at sige til sig selv: *"Jeg beslutter mig senest på fredag!"* Det kan give dig det skub, du har brug for.

Øv dig i "godt nok"-tankegangen: Husk, at ikke alle beslutninger behøver at være perfekte. Øv dig i at acceptere "godt nok" og lad være med at bruge evigheder på små detaljer. Beslutninger kan justeres, og fejl kan være lærerige.

Tænk i små skridt: Hvis den store beslutning virker uoverskuelig, så bryd den ned i mindre, mere håndterbare skridt. Fokusér på at tage én beslutning ad gangen, i stedet for at skulle løse hele livets gåde på én gang.

Søg feedback fra andre: Spørg mennesker, du stoler på, om deres perspektiver. Nogle gange kan andres input hjælpe dig med at se tingene fra en ny vinkel og gøre det lettere at træffe en beslutning.

Tag en pause og lad underbevidstheden arbejde: Nogle gange er det bedst at tage en pause og lave noget helt andet. Din hjerne vil ofte arbejde bag kulisserne, og du vil måske opdage, at beslutningen kommer mere naturligt efter en pause.

9. Holdninger og humor

Nu skal vi snakke om, hvordan det er at mangle ligesindede – og føle sig som den skæve brik i puslespillet. Det handler om at stikke ud som en farverig flamingo blandt grå duer, både når det gælder humor, holdninger og de lidt skøre konklusioner, man når frem til (eller ikke når frem til). Let's go!

Efter mit uforglemmelige eventyr i frisørbranchen fandt jeg mig selv bag kassen i et byggemarked. Altså, virkelig, et byggemarked. Ikke ligefrem min drømmearbejdsplads, men jeg skulle jo have penge til husleje og mad, ikke? Nu skal du høre noget sjovt: Jeg anede intet om byggematerialer. Min viden strakte sig til at kunne genkende en hammer – og det var så det. Men der stod jeg, klar til at servicere kunder og give dem "kloge" råd om ting, jeg ikke anede noget om. Og så var der min stil. Forestil dig dette: Postkasserødt hår, falske negle, lange øjenvipper og en jævnlig tur i solariet. Ikke lige den typiske medarbejder i et byggemarked. Men på en måde nød jeg, at folk troede, jeg var dum som en dør. Så var der ingen forventninger og intet pres. Jeg har altid haft en forkærlighed for at være lidt excentrisk. Selvom jeg nogle gange hadede at skille mig ud, tiltalte det mig også. Ingen skulle fortælle mig, hvordan jeg skulle se ud eller klæde mig. Jeg gik i det, jeg syntes var flot, og jeg var ret ligeglad med mode og andres meninger.

Jeg undrede mig ofte over, hvorfor min chef overhovedet ansatte mig til at arbejde i byggecenteret. Mit bedste gæt var, at der kom mange mænd forbi, og måske tænkte han, at de ville synes, jeg var pæn at kigge på, selvom jeg var komplet uvidende om alt det, de skulle have hjælp til. Det var lidt tåbeligt, at folk troede, de kunne bedømme, hvor overfladisk jeg var, ud fra mit udseende. Jeg tænkte også, det var dumt, hvis folk mente, de kunne vurdere intelligens ud fra, hvordan man ser ud. Men samtidig fangede jeg mig selv i at tænke det samme om mig selv. *"Hvordan kunne jeg være begavet, når jeg så sådan her ud?"* I min egen forestilling havde rigtigt begavede mennesker et neutralt, nørdet udseende og briller. Så der stod jeg, midt i en identitetskrise, mens jeg forsøgte at bryde andres og mine egne fordomme. Jeg ville gerne vise, at man godt kunne have noget mellem ørerne, selvom man så ud på en bestemt måde. Men samtidig ville jeg ikke have, at folk skulle vide, at jeg sandsynligvis var mere begavet end gennemsnittet. Hvad nu hvis jeg ikke kunne leve op til deres forventninger – eller mine egne for den sags skyld? Hvad hvis jeg endte med at blive socialt isoleret? Det hele var en stor ambivalent rodebutik.

Hvorfor siger de ikke noget?

De højtbegavede jeg har talt med fortæller, at de kan være tilbageholdende med at fortælle om deres intelligens til andre af flere årsager, og en af dem er netop, at de kan være bange for at fejle eller ikke leve op til de forventninger, som andre måtte have til dem baseret på deres intelligens. Ved at afsløre deres intelligens kan de føle et øget pres for konstant at leve op til høje forventninger fra sig selv og andre. En af de andre årsager er, at de har oplevet negative reaktioner tidligere i deres liv, når de har afsløret deres intelligens, og derfor vælger de at være mere forsigtige. Derudover er der det med, at de er bange for social udstødelse baseret på misundelse. De er bange for at komme til at føle sig endnu mere anderledes, end de måske gør i forvejen. Der er ofte også et stigma forbundet med at være meget intelligent, hvor folk kan antage, at de er arrogante eller "bedrevidende". De kan frygte, at andre ikke vil forstå eller værdsætte deres situation, hvilket kan føre til yderligere isolation.

Mangel på ligesindede

Jeg har altid haft en hemmelig glæde i at overraske folk og i at modbevise dem i deres umiddelbare antagelser om mig. Det var fedt, når deres stereotype forestillinger ikke holdt stik. Ofte troede de, at jeg var snobbet, uintelligent og overfladisk, men nej, så nemt skulle de ikke slippe! Jeg ønskede, at folk kunne være mere åbne og mindre fordømmende. Jeg ledte efter folk, der var lidt som mig overalt, men jeg fandt aldrig nogen. Når jeg snakkede med andre, der så lidt ud som mig, følte jeg, at vi intet havde til fælles. Det var som at forsøge at blande olie og vand. Og når jeg snakkede med folk, der så helt anderledes ud, føltes det heller ikke bedre. Jeg var som en ensom alien, fanget mellem to verdener. Jeg både hadede og elskede min unikke status. Jeg ønskede desperat at passe ind et sted, men uanset hvor jeg søgte, blev jeg skuffet.

I byggecenteret fandt jeg heller ikke nogen ligesindede, men jeg nød at arbejde blandt de mange mænd. Der var en let stemning uden for meget seriøsitet. Jeg slap for at skulle lade som om, jeg brændte for emner, der ikke interesserede mig eller for at nikke ivrigt til meninger, jeg egentlig var ligeglad med. Sammen med mændene kunne jeg nyde min frokost i fred og lade mine tanker flyve, fordi de hverken forventede, at jeg kunne citere de seneste sportsresultater eller var fascineret af, hvad der gemte sig i deres værktøjskasser. Det var en befriende pause fra småsnak og tvungne høflig-heder. Dog afskyede jeg selve arbejdet. Hver eneste morgen når jeg vågnede, tænkte jeg *"nej, jeg vil ikke!"* og overvejede at melde mig syg. Jeg kan stadig ikke helt forstå, hvad det præcist var, jeg hadede så meget ved mit arbejde, men det føltes dødkedeligt og uinspirerende at stå der og scanne den ene vare efter den anden, mens jeg gentog de samme kedelige fraser til kun-derne. Jeg var i øvrigt også elendig til mit arbejde, fordi jeg ikke anede noget om byggematerialer. Og jeg gad heller ikke lære det. Jeg følte mig som en zombie, fanget i en monoton tilstand, hvor jeg ikke blev stimuleret på den rigtige måde og bare skulle stå og smile kunstigt som om, jeg elskede det, jeg lavede. Jeg følte mig som en kræsenpind, der ikke var tilfreds med noget og var fuldstændig ligeglad med mit arbejde. Min mor havde nok ret: *"Når man er ligeglad, er man aldrig glad."*

Tilbage på skolebænken

I virkeligheden havde jeg fået et årsvikariat i byggecenteret, men efter et halvt år kunne jeg ikke klare mere. Hver dag føltes som et maraton uden mål, og jeg var ved at sprænges af kedsomhed. Jeg kunne mærke, at jeg trængte til at bruge mit hoved og til at lave noget, hvor jeg havde fri før klokken 18. Derfor besluttede jeg mig for at studere videre. Denne gang blev det lærerfaget på det nærmeste seminarie. Ironisk nok havde begge mine forældre været lærere, og jeg havde altid svoret, at jeg aldrig skulle ende som dem. Men som skæbnen ville det, lød lærerjobbet pludselig som det mest tiltalende for mig. Gode arbejdstider, hvor man mødte tidligt og var færdig med undervisningen forholdsvis tidligt. Lange ferier og en nogenlunde løn. Det lød som den perfekte kombination for én, der helst ville undgå at arbejde for hårdt. Jeg valgte det selvfølgelig udelukkende, fordi det skulle være så nemt som overhovedet muligt. Arbejde var stadig ikke noget, jeg gad beskæftige mig alt for meget med.

Til min store glæde, overraskelse og lettelse endte det rent faktisk med, at jeg blev vildt glad for selve lærerjobbet. Selvom jeg heller aldrig rigtigt lignede de andre lærere, passede det utrolig godt til mig på mange måder. Det gik op for mig, at jeg tidligere ikke havde kunnet fordrage at arbejde, fordi jeg altid havde fundet jobs, der på ingen måder passede til mig. På mit lærerjob fik jeg en stor del af mit sociale behov dækket, og samtidig syntes jeg, at det var hyggeligt og alsidigt. Det var som om, jeg fandt en skjult passion for at undervise og inspirere andre. Jeg burde nok have forudset det, for da jeg var lille, havde jeg selv været utroligt glad for at gå i skole, og jeg havde syntes, det var irriterende, når der var weekend eller ferier, og jeg skulle blive derhjemme. Lærerjobbet føltes lidt som en forlængelse af min egen skoletid. Faktisk endte jeg med at få det på samme måde, som jeg havde haft det som barn. Jeg blev så glad for min hverdag, at jeg ikke havde specielt meget lyst til at holde ferie. Det er ret vildt, når man tænker på, at jeg før udelukkende levede for ferier og weekender. Livet bliver bare aldrig rigtigt helt godt, når vi kun er interesserede i at være til stede en fjerdedel af tiden. Derfor er det vigtigt at få indrettet det, så vi også bliver glade for hverdagene. Hvis vi kan finde noget, der gør os glade og engagerede, så bliver selv mandage magiske.

Bonding på seminariet

Jeg fortsatte med at arbejde deltid i byggecenteret, mens jeg begyndte på lærerseminariet. Snart fik jeg også et arbejde som vikar på en folkeskole ved siden af. Det job blev jeg hurtigt glad for, og jeg følte, at jeg var god til det. Endelig noget, jeg ikke var komplet elendig til. Jeg havde været virkelig dårlig til at servere hotdogs, vaske hår på folk og smalltalke. Jeg havde også været helt ustyrligt dårlig til at rådgive folk om byggematerialer og vvs-dimser. Men nu var der noget, jeg faktisk kunne finde ud af. Jeg var god til at undervise og til at tænke hurtigt og omstille mig, når det var nødvendigt. Rollen faldt mig naturligt. Måske fordi begge mine forældre var lærere. Måske fordi jeg selv havde elsket at gå i skole i de små klasser. Men ærligt talt, jeg var ligeglad med årsagen. Det var en helt ny, funklende verden, der åbnede sig for mig. Tænk at der var et arbejde, jeg ikke hadede! Jeg endte endda med at sige ja til næsten alle de vikartimer, jeg blev tilbudt, og det bevirkede, at jeg ikke særlig ofte kom på seminariet. Det gjorde mig ikke noget. Jeg syntes, det var langt vigtigere at få erfaring fra den virkelige verden, og det gode studiemiljø, som jeg havde hørt så mange tale godt om fra seminariet, oplevede jeg over-hovedet ikke. Jeg kunne mærke, at de andre elever fra seminariet lynhurtigt fandt hinanden, klikkede og begyndte at arbejde sammen. Sådan var det bare ikke med mig. Det hjalp nok heller ikke på det, at jeg nærmest aldrig kom til undervisningen. De andre troede garanteret, at jeg var ligeglad med skolen og med dem. Når jeg endelig kom, syntes jeg, at jeg forsøgte at tale med de andre, og jeg tænkte selv, det var nogle gode, fornuftige ting, jeg sagde til dem og spurgte dem om. Men af en eller anden grund klikkede de andre med hinanden, selvom de ikke nødvendigvis sagde særlig meget til hinanden. Det var som om, de havde en hemmelig opskrift på socialt samvær, som jeg bare ikke kunne knække koden til.

Humor

Det var som om, at jeg bare stak ud, ligegyldigt hvor meget eller lidt, jeg sagde og uanset hvad, jeg gjorde. Jeg var ikke en del af fællesskabet på samme måde som alle de andre var det. Andre mennesker syntes at dele en usynlig manual til socialt samvær, som jeg aldrig havde fået udleveret. Det var som om, at jeg ikke havde den samme indforståede humor som de andre eller de samme holdninger. Jeg lignede ikke de andre, og de lignede heller ikke mig. Jeg forsøgte ofte at finde grunde til hvorfor. En af dem var min humor. Den stak i det hele taget ofte ud, og jeg har utallige gange følt mig nederen og kedelig, fordi jeg ikke har kunnet se det sjove i det, de andre syntes var sjovt. Problemet var ikke kun, at jeg ikke kunne dele andres humor. Det var også, at jeg ikke kunne lade som om, jeg fandt deres jokes sjove. Når de viste mig memes eller *YouTube*-videoer, der fik dem til at hulke af grin, måtte jeg anstrenge mig for ikke at kigge på dem som om, de lige havde foreslået, at vi skulle bygge en tidsmaskine ud af legoklodser. For at undgå *"få dig en humor"*-kortet, som blev svinget rask væk, hvis man ikke grinede af det rigtige, lærte jeg at smile og nikke på de rette tidspunkter. Det er det fuldstændig urimelige kort, der altid bliver brugt, hvis man syntes, at det som de andre synes er sjovt, er dumt. I flere sammenhænge følte jeg, at min kritiske sans blev forvekslet med negativitet, så når jeg ikke fik optur på over de samme ting som de andre, så måtte det betyde, at jeg var en negativ tørvetriller. Humor er subjektivt, og blot fordi du ikke deler humor med en anden, betyder det ikke, at du ikke selv har én. Jeg mente selv, at jeg havde en strålende sans for humor – skarp, tør og en smule sort. Men mine forsøg på at dele denne guldmine af komik med de andre faldt tit fladt til jorden. Det var absolut ikke altid, at de ting jeg syntes var sjove, fattede begejstring hos andre.

Humor og begavelse

Hvis du er blandt de bedst begavede, kan du opleve, at din humor stikker ud. Nogle af de karakteristiske træk ved begavede folk er:

1. **Lagdelte vittigheder**: Du kan lide vittigheder og humor med flere lag, som kræver dybere tænkning og forståelse. Disse vittigheder kan have skjulte betydninger eller kræve en vis baggrundsviden for fuldt ud at blive værdsat.
2. **Subtil sarkasme**: Sarkasme og ironi er ofte fremtrædende i din humor. Du kan bruge disse former for humor til at udtrykke komplekse følelser eller kritik på en indirekte måde.
3. **Avancerede ordspil**: Som godt begavet nyder du ofte ordspil og sproglig leg, der involverer komplekse ordspil eller homonymer.
4. **Selvironisk humor**: Du kan bruge selvironi som en måde at forholde dig til din egen intelligens og de forventninger, der følger med. Dette kan være en måde at gøre dig selv mere tilgængelig og relaterbar på.
5. **Mørk og sort humor**: Du kan have en tilbøjelighed til mørk eller sort humor, som kan inkludere emner, der normalt betragtes som tabubelagte eller alvorlige. Denne form for humor kan bruges som en måde at håndtere komplekse og svære emner på.

Nogle eksempler på folk med meget høj IQ og deres humor er:

Stephen Hawking: Den berømte fysiker var kendt for sin tørre humor og evne til at finde det humoristiske i selv de mest komplekse videnskabelige emner. Hawking nød at integrere humor i populærkulturen. Han optrådte som sig selv i tv-shows som *The Simpsons* og *The Big Bang Theory*, hvor han ofte leverede replikker, der fremhævede hans intellekt og vid.

Albert Einstein: Han havde en legende tilgang til livet og arbejdede ofte med humoristiske kommentarer og ironiske observationer. Einstein lavede ofte sjov med sin egen glemsomhed og uordentlige fremtoning, og han var god til at være selvironisk

Mangel på holdninger

I seminarietiden følte jeg mig i virkeligheden ret ubegavet. Her endte jeg også i et ekstremt nedbrydende forhold med en mand, jeg i virkeligheden burde være løbet hurtigt væk fra efter anden date. Men nej, jeg besluttede at blive, for hvem elsker ikke en god katastrofe, der kan spolere ens fokus og fremtidige karriere? Hvis man er intelligent, så ender man da ikke i sådan en situation, vel?

Alle mine studiekammerater gik meget op i skolen, og jeg baksede så meget med mit ødelæggende forhold, at jeg ikke havde overskud til noget som helst andet. Jeg sad bare og observerede mine studiekammerater, der så ud til at være ekstremt interesserede i den teoretiske del. De havde altid holdninger og meninger til alt det, læreren sagde. Det havde jeg ikke. Jeg havde intet overskud til at engagere mig i noget som helst. Skolen var ikke min interesse; det var en pligt, der skulle overstås, som at tage opvasken eller betale skat. Jeg syntes, det var kedeligt at diskutere teori og opdigtede pædagogiske problemstillinger, og jeg vidste ikke, hvilken holdning jeg havde til tingene, før jeg stod i situationerne i virkeligheden. Det var heller ikke altid, jeg vidste det der. Det var som om, jeg gik rundt med et konstant jetlag i en verden, hvor alle andre var vågne og til stede.

Ofte tog det mig evigheder at nå frem til en konklusion om noget som helst. At danne meninger føltes som at navigere i en labyrint uden udgang. Jeg kunne altid se tingene fra tusind forskellige vinkler, hvilket fik mig til at føle, at jeg manglede en personlighed. Uden skarpe holdninger følte jeg mig som en grå skygge blandt farverige meningsmaskiner. Jeg blev heller ikke revet med af de samme samfundsmæssige problemer som andre. Ærligt talt gad jeg ikke engang beskæftige mig med dem. Min verden var begrænset til mig selv og mine nærmeste. Jeg følte mig lidt som en egocentrisk enmandshær, samtidig med at jeg slet ikke følte det. De ydre omstændigheder passede bare aldrig til mig, uanset hvor jeg befandt mig.

Jeg undrede mig konstant over, hvorfor jeg ikke interesserede mig for de samme ting som de andre. At tale om kendte, influencere, skuespillere og kongehuset var dræbende kedeligt for mig. Jeg var fuldstændigt ligeglad med dem. Nyheder ville jeg heller ikke følge med i. De gjorde mig faktisk bare bange. Der skulle i bund og grund ikke meget til at skræmme mig. Alle de ting, som andre syntes var fede eller moderne, sagde mig ingenting. Hvorfor var jeg så mærkelig? Var det min begavelse? Var det min personlighed? Hvad var hvad? Disse tre spørgsmål kørte konstant rundt i min hjerne.

Jeg brugte også lang tid på at spekulere over, hvordan det mon ville være, hvis jeg mødte en, der havde præcis samme IQ som mig selv. Ville vi automatisk klikke? Ville personen minde om mig selv? Eller kunne vi være vidt forskellige og ikke have noget at tale om? Hvor stor en del af vores personlighed er i virkeligheden IQ-bestemt, og er begavelse og personlighed det samme? Hvordan kan man overhovedet skille de to ting ad?

Begavelse og konklusioner

Det er ikke ligefrem normalt, at de skarpeste hjerner mangler holdninger. Faktisk kan det være det stik modsatte. Når du er godt begavet, har du en tendens til at have veludviklede holdninger og meninger om alverdens emner, fordi du dykker dybt ned i dine interesser og har en evne til at tænke kritisk og analytisk. Men nogle gange kan du måske virke tøvende med at lufte dine holdninger, især hvis dine synspunkter er komplekse eller skiller sig markant ud fra flertallet. Dette kan misforstås som mangel på holdninger. For mig skyldtes min mangel på holdninger blandt andet, at jeg ikke gad have dem om ting, der ikke interesserede mig. Og de få holdninger, jeg rent faktisk havde, turde jeg ikke sige højt. Jeg følte heller ikke, jeg kunne danne mig en holdning til noget, medmindre jeg kendte alle sider af en sag. Og hvornår gør man nogensinde det?

Selvom mange af de bedst begavede har holdninger til mange ting, så har de også en tendens til at overveje alle mulige aspekter og konsekvenser af en situation, hvilket kan føre til det, jeg kalder analyseparalyse. Du bliver fanget i detaljerne og har svært ved at træffe en endelig beslutning. I stedet for at lytte til, hvad du har lyst til, forsøger du at tænke dig frem til det med logik. Og sjovt nok, så fungerer det ikke altid særlig godt. Du kan også komme til at jage den perfekte løsning, hvilket gør det svært at afslutte processen og nå frem til en konklusion, som føles god nok. Og så er der det der med, at de begavede ofte er meget bevidste om kompleksiteten af problemer og kan se mange forskellige vinkler og mulige udfald. Dette kan gøre det udfordrende at vælge en enkelt konklusion, da du ser fordele og ulemper ved flere alternativer.

Kort og godt: Som en af de bedst begavede har du tit masser af holdninger. Men som regel kun til de ting, du interesserer dig for. Og du har dem kun, hvis du nogensinde kan nå frem til en konklusion om, hvad du egentlig synes. Sådan! Let som en leg, ikke?

10. Studievaner og IQ som tabu

Jeg vil lige fortælle en smule mere fra min tid på seminariet. Der fører os direkte ind i, hvordan du kan finjustere dine egne studievaner, hvis der er knas i maskineriet. Men det er ikke alt! Vi kommer også til at dykke ned i, hvorfor IQ nogle gange er det store tabu, ingen tør snakke om. Så bliv hvor du er! Det bliver interessant.

Det var virkelig svært at deltage aktivt i timerne på seminariet, når jeg konstant havde tusind andre ting i hovedet, og når jeg aldrig gad lave mine lektier. Jeg havde heller ikke lyst til at sidde og snakke læreren efter munden, så jeg sagde næsten aldrig noget. Faktisk lyttede jeg stort set heller aldrig til, hvad læreren sagde. Jeg sad bare der og sumpede i mine egne tanker, som en slags mester i dagdrømmeri. Jeg befandt mig stort set altid i min egen verden, hvor der foregik så meget, at jeg ofte ikke lagde mærke til, hvordan ting så ud, eller hvad der foregik omkring mig. I stedet brugte jeg lang tid på at tænke over, hvordan jeg mon skulle komme ud af det farlige forhold, jeg var havnet i. Derudover brugte jeg lang tid på at fundere over ting og livet generelt. Jeg var meget optaget af, hvorfor jeg var, som jeg var, og hvordan tingene hang sammen. Andre gange sad jeg og zoomede helt ud og måtte kæmpe for at holde mig vågen. Det var næsten som om, mine øjenlåg trænede til en konkurrence i at blinke. Meget af det, vi lærte i timerne, følte jeg lige så godt, jeg hurtigt kunne have læst i en bog eller på nettet derhjemme. Problemet var så bare, at jeg ikke læste noget derhjemme. Det var ikke fordi, at lærerne var dårlige eller ikke kunne finde ud af at undervise. Det handlede om, at jeg simpelthen ikke kunne forstå, hvorfor jeg skulle være i skole i 6 timer, når det reelle udbytte eller den nye viden svarede til noget, jeg kunne tilegne mig på langt kortere tid derhjemme. Det meste, der foregik i klasserummet, var diskussioner, hvor vi skulle høre de andres meninger og holdninger til alt muligt. Og jeg må ærligt erkende, at jeg ikke helt forstod fidusen. Som regel havde jeg ikke nogen fastlåste holdninger til tingene, og jeg kunne derfor ikke bidrage med så meget på den front. For mig afhang alting af konteksten, og jeg kendte aldrig den fulde kontekst. Derimod ville jeg hellere diskutere på et filosofisk plan og stille spørgsmål til ting. Det gav ikke så meget mening for mig, at vi overhovedet skulle diskutere alt det småtteri, når vi kunne tale om de store spørgsmål i livet.

Jeg klarede mig gennem lærerseminariet med karakterer på lidt over middel å trods af, at jeg ikke lavede dagens gode gerning. Det var nemmere for mig at score nogenlunde karakterer, når det var noget, jeg arbejdede med til daglig ude i virkeligheden.

Forbedring af studiestrategier og studievaner

Hvis du er en af dem, der har fået udviklet dig nogle tvivlsomme studievaner, og du gerne vil have gjort dem bedre, så kommer her et par forslag til det:

~ Prøv at studere på samme tid hver dag. Ved at skabe en fast rutine træner du din hjerne til at komme i studie-mode automatisk, ligesom når man slår autopiloten til.

~ Brug teknikker som *Pomodoro* – studér intenst i 25 minutter, og tag derefter en kort pause. Pauser giver din hjerne tid til at bearbejde og lagre information, så du ikke brænder ud.

~ Del din læsning op i mindre bidder med klare mål og deadlines. Det gør det mere overskueligt og holder dig fokuseret. Og husk at fejre de små sejre undervejs!

~ For at holde motivationen høj og hjernen engageret, varier dine studieaktiviteter. Skift mellem forskellige emner, studiemetoder, og lokationer – det kan hjælpe med at fastholde din interesse og forbedre din hukommelse.

~ Udnyt det, du er god til! Er du lynhurtig til at forstå komplekse emner? Så brug det til din fordel ved at dykke dybt ned i de mest udfordrende dele af stoffet først og bruge mindre tid på det, der kommer naturligt.

- Lav et studiesystem, der passer til din stil. Drop den passive læsning og prøv i stedet at forklare materialet til dig selv eller andre, lave små quizzer, eller bruge "Feynman-teknikken" – hvor du forsøger at forklare emnet i simple ord, som om du underviste en, der ikke ved noget om det.

IQ som tabu

Rigtigt mange af de bedst begavede har lært fra barnsben, at de skal holde lav profil for ikke at blive udstødt af fællesskabet. Det kan være endnu en årsag til, at du får udviklet dig elendige studievaner - hvis de alligevel ikke "må" dele deres guldgrube af viden, hvorfor skal de så tilegne sig den? Andre mennesker bliver trætte af det, hvis de føler sig dumme, og derfor mister de også tit interessen i at tilbringe tid med dem. Ingen gider hænge ud med én, der konstant får dem til at føle sig som den langsomste computer i rummet, og det opdager de begavede hurtigt. Det bliver til en vane at dukke sig og gemme sin viden for sig selv. Ingen har vel lyst til at blive udstødte. Måske udvikler de også en strategi til at være så usynlige som muligt hele livet igennem. De lægger låg på sig selv for ikke at komme til at genere andre og for at være en del af fællesskabet, og det bliver de ved med, fordi det er blevet en vane. Senere skjuler rigtigt mange også deres høje IQ på arbejdspladsen. Måske får de at vide, at de skal tage ja-hatten på og lade være med at forholde sig så kritisk til ting. Eller også er det blot noget, de kan fornemme, at de andre tænker. Sådan har jeg selv haft det i utallige situationer hvis de andre på arbejdet er vildt optimistiske over et tiltag, som jeg har forholdt mig kritisk til. Jeg har følt mig som et miks mellem Negative Nelly og en kæmpe lyseslukker. Det er dog ikke for at være negativ, jeg gør det, og jeg har generelt fået en god næse for at se muligheder fremfor begrænsninger i ting. Det er blot for at påpege, at vi måske lige bør tænke os om en ekstra gang, inden vi sætter tiltaget til værks, så det ikke ender med at blive ekstra arbejde for os alle.

Hjemme er det ikke bedre. I privaten må de fleste også skjule begavelsen for ikke at stikke for meget ud, og de er måske vant til at undertrykke sig selv, ligesom de har gjort det alle mulige andre steder. Ud af dem jeg har talt med, er der stort set ingen, der føler, at de kan være åbne omkring deres begavelse. Du kan føle dig tilbageholdende med at være åben om din begavelse af frygt for misundelse, sociale konsekvenser og manglende forståelse fra andre. Når andre mennesker ikke kan lide at føle sig dumme, er det klart, at begavelse bliver lidt af et tabu. Medmindre du selvfølgelig har det fint helt i dit eget selskab eller har fundet ligesindede at være sammen med.

Endnu en kommentar på sociale medier

En dag faldt jeg over en kommentar til et opslag på de sociale medier, hvor en person havde været modig nok til at stå frem og være åben om sin høje begavelse. Kommentaren lød sådan her: *"At føle sig bedre end andre er som regel et tegn på lav IQ."* Nå, øv. Træls! Så er man da for alvor fanget, hvis man er godt begavet. Sådan en kommentar får mig til at tænke, om man overhovedet kan vinde i dette her IQ-lotteri. Med denne logik betyder det jo, at hvis du åbner munden om din høje IQ, så bliver du straks beskyldt for at være dum og dømt som arrogant og selvovervurderende. Derfor er IQ og begavelse også lidt af et tabu. En stor del af befolkningen ser helst, at du tier stille med sådan noget som begavelse, og at du skal forblive ydmyg. Men hvis du som højtbegavet skal forblive ydmyg og tie stille omkring det, så betyder det også, at du må holde en stor del af sin personlighed for dig selv. Ellers kan du blive dømt hårdt eller beskyldt for noget grimt. Og nej, du behøver måske ikke at bryste dig af din IQ-score på første date eller til familiejulefrokosten, men det burde heller ikke være noget, der skal ties ihjel som en pinlig hemmelighed. Det er dog bedst og nemmest for flertallet, hvis vi kan lade som om, vi alle er ens. Problemet er bare, at det er vi ikke - og det er måske også godt nok!

En skjult superhelt

Det er nok i virkeligheden de færreste, der ønsker at blive dømt af Janteloven. Hvis du blandt de bedst begavede frygter det, så får du svært ved at være dig selv. Forestil dig lige, at du er en superhelt i et samfund, hvor det er forbudt at vise dine superkræfter. Velkommen til livet som en højtbegavet person i et Jantelov-præget samfund! Her er det ikke nok at kunne flyve eller at være en guddommelig problemløser; du skal helst også kunne gøre det uden at forstyrre nogen!Hvis du er en af de heldige med et skarpt sind og evner, der kan gøre de fleste misundelige, kan du hurtigt føle, at du skal holde lav profil. I stedet for at bruge din utrolige hjerne til at løse verdens gåder, må du måske nøjes med at lade, som om du er lige så almindelig som alle andre. Fordi det er selvfølgelig vigtigt at kunne gå under radaren, så naboen ikke bliver jaloux! Det er som om, at Janteloven tvinger dig til at tage en usynlighedskappe på, hver gang du overvejer at bruge din intelligens. Du skal helst ikke være for meget klogere, bedre eller hurtigere end dem omkring dig, for det er en sikker opskrift på at få himmelvendte øjne og en mistænksom knurren fra folk omkring dig. Og hvem gider være superhelt, hvis ingen kan lide helte? At gemme sine evner kan være som at gemme en guldskat under sengen og aldrig røre den igen. Det fører til en følelse af isolation og frustration, for hvad er det værd at have en hel skattekiste af viden, hvis man aldrig må åbne den og dele skattene med verden? Resultatet? En superhelt med lavt selvværd og en følelse af, at ingen rigtig værdsætter deres evner. Det er som at være *Spiderman*, der kun må bruge sine kræfter til at hænge tøj til tørre.

At finde ligesindede, der forstår og værdsætter dine evner, kan være en udfordring, især når Janteloven opfordrer til, at alle skal være så ens som muligt. Det kan være som at lede efter en nål i en høstak i en by fuld af helt almindelige mennesker, der bare vil have, at du skal være ligesom dem. I et samfund, hvor det ikke er fedt at vise sig frem og gøre noget særligt, kan det være virkelig kedeligt for en højtbegavet person. Tænk dig at være *Supermand*, men i stedet for at redde verden fra skurke, bliver du bedt om at bruge dine kræfter på at sortere papirclips i kontoret! Det er ikke bare kedeligt, det er en fornærmelse mod din superhjerne.

Så hvad gør du som en af de bedst begavede i et Jantelov-præget samfund? Rigtigt mange begavede kan have gavn af at søge fællesskaber med ligesindede, hvor de kan være sig selv og få lov til at fortælle, hvem de er, uden at blive dømt hårdt. I Danmark er der for eksempel organisationen *Mensa*, som mange højtbegavede finder ligesindede i. Der findes også grupper for de 10 procent bedst begavede på *Facebook* og på det sociale medie X. En anden ting der kan være gavnligt, er at arbejde på dit selvværd og din selvkærlighed. Hvis du kan lære at holde din selvkærlighed og dit selvværd i top, bliver du ikke så påvirket af, at andre mennesker måske synes, du skal opføre dig som en anden. Du bliver mere ligeglad med, hvad andre synes, og du finder mod til at udnytte dit potentiale uanset. Det hjælper i øvrigt også mod ensomheds - eller isolationsfølelsen, hvis du får arbejdet med både selvkærlighed og selvværd. Jeg vender tilbage til dette i kapitel 17.

11. Psykisk vold og diagnoser

I dette kapitel dykker vi ned i det komplekse emne om begavelse og diagnoser. Vi skal også have klarlagt, om begavelse og psykisk vold kan sættes i samme sætning. Jeg starter allerførst med at fortælle lidt om mine egne eskapader og erfaringer på den front.

Imens jeg gik på seminariet på første år, fik jeg som sagt en kæreste og endda en virkelig farlig en af slagsen. Jeg har tidligere udgivet to bøger, hvor jeg fortæller historien om, hvordan jeg blev truet, hjernevasket, chikaneret og stalket længe efter forholdet. Jeg skammede mig helt vildt over det forhold. Man må da have en temmelig lav IQ, hvis man kan havne i sådan en situation og ende med at bukke under for manipulation på den måde, ikke? Selvom jeg følte mig ubegavet en god del af tiden, så følte jeg mig alligevel alt for klog til at havne i sådan et forhold og i sådan en situation, som jeg fik sat mig selv i

Den dag i dag kobler jeg mit dårlige valg af fyr sammen med min fars sygdom og det, at jeg ikke følte mig stimuleret mentalt. Jeg tror, det handler om, at jeg ville forsøge at redde nogle, der var syge i hovederne, ligesom min far var blevet det. Jeg kunne ikke acceptere, at han var blevet en anden i hovedet efter hjerneblødningen, og jeg forsøgte at redde ham ved at redde en anden. Det gav mig en falsk følelse af kontrol over noget, der i virkeligheden var helt udenfor min rækkevidde.

I starten syntes jeg, at forholdet var spændende, fordi jeg blev stimuleret og hele tiden havde noget at forsøge at regne ud. Så var han supersød, og det næste øjeblik var han måske knap så sød, og jeg forsøgte at finde ud af, hvad det hele gik ud på. Jeg har ofte tænkt på det som en form for intellektuel udfordring, eller som en meget skræmmende Sudoku, der aldrig kunne løses.

Hver gang han ændrede adfærd, satte jeg straks gang i en hel analyse: Hvad havde jeg gjort forkert? Hvordan kunne jeg fikse det? Det var som om, jeg havde taget jobbet som en fuldtids-terapeut uden at få en krone for det. Hver dag var en ny gåde, og jeg var fast besluttet på at finde svaret, selvom det var helt åbenlyst, at jeg aldrig ville kunne ændre hans sind.

Min naivitet hjalp heller ikke ligefrem på situationen. Jeg havde altid troet, at folk var grundlæggende gode, og at ingen virkelig kunne være så onde eller syge, som han viste sig at være. Det var som at leve i en dårlig thriller, hvor jeg hele tiden tænkte, *"Nej, så slemt kan det ikke være,"* indtil det selvfølgelig viste sig, at jo, det kunne det faktisk godt.

Fanget

Nogle måneder inde i forholdet begyndte det at gå op for mig, at jeg havde rodet mig ud i en gedigen kattepine. Det var som at indse, at man har inviteret en rottweiler ind i stuen og først opdager det, da den har bidt sig fast i sofaen. Og da var det selvfølgelig allerede for sent. Han havde på en eller anden måde fået fingrene i en nøgle til min lejlighed, og truslerne begyndte at hagle ned over mig som et kedeligt uvejr. Hvis jeg ikke makkede ret, eller hvis han fik den mindste mistanke om, at jeg ville ud af forholdet, blev truslerne endnu grovere. Han forlangte, at jeg ikke måtte tale med nogen eller gå nogen steder. Det var som at være fanget i et spil, hvor jeg ikke kendte reglerne, og hvor jeg hele tiden mistede liv. Mine venner forsvandt én efter én i løbet af det år, vi var sammen. Jeg var så flov over at have sat mig selv i den situation, at jeg ikke turde betro mig til nogen. Samtidig var jeg bange – og jeg var flov over, at jeg var så bange. Han rørte mig aldrig fysisk, men hans psykiske terror var nok til at få mig til at tro, at han havde et netværk af detektiver, der overvågede mig. Han truede med at skade mig eller slå mig ihjel, hvis jeg forlod ham eller gjorde noget, han ikke brød sig om. Derfor gjorde jeg ingenting. Jeg var handlingslammet og turde ikke forlade ham.

Jeg kunne overhovedet ikke genkende mig selv i det forhold. Jeg forstod ikke, hvorfor jeg ikke kunne gennemskue, om han virkelig var farlig, og hvordan jeg skulle slippe væk. Det var som at se sig selv udefra og konstant ryste på hovedet ad sin egen dumhed og mangel på personlighed. Hvor jeg tidligere havde følt mig usikker på min egen personlighed, fordi jeg havde svært ved at danne holdninger til ting, følte jeg mig nu fuldstændig personlighedsløs. Jeg kunne ikke være mig selv. Mindre end nogensinde før, kunne jeg være den, jeg var. Jeg var blevet en tom skal, der kun turde makke ret i forholdet, og overfor alle andre mennesker måtte jeg spille skuespil og lade som om, alt var i den skønneste orden. Også da jeg endelig, efter en sej kamp, kom ud af det skrækkelige forhold, fortsatte det sådan i flere år.

Psykisk vold og begavelse

Selvom det kan lyde skørt, er selv de klogeste hoveder ikke immune over for at lande i forhold fyldt med psykisk vold. Overtænkning kan få selv de mest geniale hjerner til at finde undskyldninger for en manipulerende partner. Og selvom man skulle tro, at de klogeste har selvtillid som Beyoncé, kan selv de kæmpe med selvværdet, især hvis de aldrig har fået klap på skulderen for deres talenter. Følelsen af at være anderledes kan gøre dem ensomme, med et skrumpende socialt netværk, der efterlader dem mere sårbare. Og så er der de skyhøje standarder! De prøver at fikse alt selv, fordi de tror, de skal kunne det hele. Samtidig kan deres empati blive brugt som en fri buffet for en manipulerende partner. Til sidst er der grænserne. De kan nemt blive så mudrede og flydende, at de nærmest forsvinder, fordi deres evne til at analysere alt kan gøre det svært for dem at mærke, når noget føles forkert. Jeg har brugt oceaner af tid på at lære at sætte mine egne grænser og rent faktisk holde fast i dem. Min høje IQ kunne nemlig også godt få mig til at overvurdere, hvad jeg kunne holde til.

Helt alene

Jeg endte med at få slemme traumer og PTSD af forholdet, og jeg var kommet virkelig langt væk fra mig selv. Selvom jeg ofte havde følt mig anderledes før, var det intet sammenlignet med sådan, som jeg havde det nu. Jeg havde mistet mit sociale tække og alle mine sociale relationer, og jeg kunne ikke finde ud af at lave nye. Jeg følte mig så usigelig langt fra andre mennesker, og det var nogle helt andre ting, der foregik i mit hoved end i andres. Særligt i årene lige bagefter forholdet, hvor det mest af alt handlede om at forsøge at overleve og ikke blive overfaldet eller angrebet af min ekskæreste. Sociale relationer var nu reduceret til korte, nødvendige interaktioner. Tidligere havde jeg ofte følt, at andre mennesker talte om ligegyldige ting, men nu toppede det for alvor. Mit sind var fanget i en endeløs loop af paranoia og frygt, og almindelige samtaler føltes som støj, der blot forstyrrede mine nøje planlagte tanker. Hvor jeg som helt ung havde følt mig sær, fordi jeg måske var højtbegavet, følte jeg mig nu sær på grund af mine traumer og min historie, som var en helt anden and de andres.

Jeg begyndte også at mistænke, at jeg havde alle mulige psykiske lidelser. Hver gang jeg læste om en ny diagnose, tænkte jeg, "*Åh, det lyder som mig!*" Jeg følte lige pludselig, at jeg udviste tegn på ADHD, autisme og endda borderline. Diagnoser og psykiske lidelser som jeg aldrig havde følt mig beslægtet med før. Hvis jeg var gået til lægen på det tidspunkt, tror jeg, at jeg kunne have fået samtlige diagnoser. Faktisk endte jeg også med at gå til lægen og besvare et spørgeskema som viste, at jeg havde depression. Det var på en måde rigtigt, men så alligevel ikke helt. Der var jo en helt specifik årsag til, at jeg var deprimeret. Hvis man kunne fjerne den årsag og få min eks til at lade være med at forfølge mig og gøre livet surt for mig, ville det meste af den depression også forsvinde. Jeg endte med at komme til at leve som en autist, der har brug for fuldstændig faste rammer og forudsigelighed. Hver dag var som et manuskript, jeg fulgte til punkt og prikke, uden afvigelser eller improvisationer. Det var nærmest en olympisk disciplin i monotoni. Der var desuden ikke plads til egentlige relationer i den.

Autisme

Senere i livet endte jeg med ret tilfældigt at tage en autisme-test på nettet, og den fortalte, at jeg lige nøjagtig sneg mig op i autismespektret. Det kom på en måde bag på mig. Jeg havde aldrig nogensinde overvejet, at jeg kunne være autist. Jeg tænkte bare, at mine dårlige og traumatiserende oplevelser havde fået mig til at blive sådan. På den anden side forklarede det en del i forhold til mit sociale liv og det, at ofte havde svært ved at knytte mig til andre mennesker på samme måde og med samme fart, som andre gjorde det. Det havde jeg dog altid forklaret med, at der ikke var andre, der lignede mig, og at folk ikke så godt kunne lide den person, jeg i virkeligheden var. Så ville jeg heller ikke knytte mig til dem. Jeg blev da heller aldrig rigtigt udredt for autisme. Mens jeg jonglerede mellem at føle mig som et geni og en total klovn, begyndte jeg at acceptere, at jeg måske bare var lidt anderledes. Det er okay at være sær, uden at skulle have puttet en diagnose eller en etiket på det. En etiket jeg havde sværere ved at slippe var den med begavelsen. Jeg søgte fortsat at forklare mig selv og forstå mig selv ud fra min begavelse. Samtidig turde jeg ikke få svaret. Jeg var meget mere bange for IQ-testene på nettet end for autisme-testene.

Begavelse og autisme

Rent faktisk kan det på mange områder være svært at skelne mellem høj begavelse og autisme, og der er flere kendetegn, der overlapper hinanden. Jeg vil lige nævne de vigtigste områder, hvor overlap kan forekomme:

Intens interesse og fokus: Både højtbegavede og personer med autisme kan have intense interesser og dykke dybt ned i disse emner. Mens højtbegavede ofte viser en bred vifte af interesser, kan personer med autisme have mere specifikke og repetitive interesser.

Sociale interaktioner: Højtbegavede børn kan have svært ved at finde lige-sindede og kan derfor virke isolerede eller socialt tilbageholdende. Personer med autisme kan også have udfordringer med sociale interaktioner, men dette skyldes ofte vanskeligheder med at forstå sociale signaler og normer.

Adfærd: De kan blive rastløse og kede sig hurtigt, hvilket kan føre til ad-færdsmæssige udfordringer. Personer med autisme kan vise gentagne ad-færdsmønstre og have brug for rutiner og strukturer.

Jeg har hørt om en del børn, der er endt i udredning for autisme, og hvor man dernæst har fundet ud af, at deres autismetegn i virkeligheden skyldes en høj begavelse. Professionelle der ikke er bekendte med de særlige kendetegn ved højtbegavede børn, kan komme til at fejltolke deres adfærd som tegn på autisme. For eksempel kan højtbegavede børn virke socialt tilbagetrukne eller have svært ved at passe ind med jævnaldrende, ikke fordi de har autisme, men fordi de søger mere intellektuelt stimulerende samtaler og relationer.[6] Sådan kan børn ende med at blive fejldiagnosticeret og dermed ikke få den rette støtte, de har brug for. Derfor er det også vigtigt, at både forældre og lærere er opmærksomme på, hvis et barn udviser adfærd, der kunne ligne autisme, men også har tegn på høj begavelse. I det tilfælde er det vigtigt at få en vurdering af en professionel med erfaring i begge områder.

Begavelse og psykiske udfordringer

Sammenhængen mellem psykiske diagnoser og høj begavelse er en skøn blanding af kompleksitet og mystik. Hvis du er blandt de bedst begavede, kan du være mere sårbar over for visse psykiske problemer, men du har også ofte en hel værktøjskasse af ressourcer og smarte strategier til at håndtere dem. Dine skarpe kognitive evner kan føles som en slags superkraft – du kan analysere og forstå dine egne problemer som en sand mental detektiv. Men selv med dine indre Sherlock Holmes-evner, kan det nogle gange være

---

[6] https://www.davidsongifted.org/gifted-blog/gifted-on-the-spectrum-or-both/

nødvendigt at hente hjælp udefra. Her kommer terapi ind som et vigtigt kort i spillet om mental sundhed. Det er dog ikke altid, at den terapi der virker på gennemsnittet, også virker på dig. Du kan have komplekse tanker og følelser, som kræver en særlig terapeut med evnen til at forstå og arbejde med dit høje niveau af kognitiv funktion. Terapeuter bliver nødt til at tilpasse deres tilgang for at matche dine behov, hvilket kan indebære mere dybdegående og intellektuelt stimulerende samtaler.

De bedst begavede oplever desuden ofte følelser meget intenst, som om deres følelsesliv er skruet op til 11 på en skala fra 1 til 10. Denne intense følelsesmæssige oplevelse kan føre til øget risiko for angst og depression. Deres høje niveau af empati og dyb følelsesmæssig reaktion kan gøre dem mere modtagelige for psykiske belastninger. Mange af de bedst begavede er meget sensitive over for både følelsesmæssige og sensoriske stimuli, hvilket kan føre til overstimulering og stress.

Psykiske diagnoser og høj begavelse

1. **ADHD**:
   Der er ikke nødvendigvis flere med høj begavelse, der har ADHD end de normaltbegavede. Men højtbegavede kan have symptomer på ADHD (Attention Deficit Hyperactivity Disorder), som rastløshed, koncentrationsbesvær og impulsivitet. Symptomerne kan i stedet skyldes deres begavelse. Deres høje kognitive evner kan dog hjælpe dem med at udvikle strategier til at kompensere for disse symptomer.

2. **Aspergers syndrom**:
   Der er som førnævnt en vis overlapning mellem høj begavelse og autisme spektrum forstyrrelser som Aspergers syndrom. Højtbegavede individer kan vise stærk fokusering på specifikke interesser, detaljeret tænkning og sociale vanskeligheder, som også ses hos personer med autisme eller Aspergers syndrom.

3. **Bipolar lidelse**:
   Nogle studier tyder på, at der kan være en øget forekomst af bipolar lidelse blandt højtbegavede individer. Deres intense følelsesliv kan i nogle tilfælde manifestere sig som ekstreme humørsvingninger.

4. **Depression og angst**:
   Højtbegavede personer kan være mere udsatte for depression og angst, især hvis deres evner ikke bliver anerkendt eller stimuleret. Deres tendens til overanalysering og bekymring kan forstærke disse problemer.

At være blandt de fem procent mest begavede er på mange måder som at have en værktøjskasse fyldt med redskaber til at tackle mange af de finurlige udfordringer. Med en hjerne, der kan jonglere komplekse problemer og tænke uden for boksen, kan du finde løsninger, hvor andre kun ser problemer. Som godt begavet har du ofte en høj grad af selvbevidsthed, som hjælper med at navigere gennem de psykiske udfordringers jungle uden at miste orienteringen.

12. Motion og begavelse

Nu skal vi snakke om noget vildt – motion! Ja, jeg ved, det måske ikke lyder som det mest ophidsende emne, men hold fast lidt endnu! Jeg vil nemlig forklare, hvorfor det faktisk kan være superrelevant for dig, og give dig nogle tips til, hvordan du kan gribe det an, hvis tanken om at få pulsen op ikke just får dig til at hoppe af glæde.

Dengang jeg var helt nede at kysse asfalten, besluttede jeg mig for at komme i topform – både for at komme mig og have noget andet at fokusere på. Og ja, selvfølgelig også for at få stramme baller. Det var ikke nogen lille interesse; det blev nærmest en besættelse. Jeg gad heller ikke være sammen med folk længere. Jeg havde alligevel mistet alle mine venner og hele min omgangs-kreds. Jeg orkede ikke at prøve at finde nye. Jeg følte mig alt for anderledes, og der var ingen, der kendte mig eller min historie. Der var aldrig nogen, der nogensinde ville komme til det. Jeg havde givet op på den sociale front og brugte i stedet tiden på at træne. To gange om dagen, faktisk. Og for at det ikke skal være løgn, trackede jeg også al min mad. Det gode ved det var, at jeg fik forbedret mine matematikfærdigheder. Jeg lærte hurtigt, hvad de forskellige ting indeholdt, og der gik sport i konstant at regne ud, hvor mange kalorier, proteiner og kulhydrater jeg havde spist. Hvis jeg var i nærheden af andre, regnede jeg også ud, hvad de spiste. Endelig gav det mening for mig med det der matematik!

Jeg havde altid været hurtig til at lære, når der var noget, der interesserede mig, og nu interesserede det mig at finde ud af, hvordan jeg kunne opnå min drømmekrop. Jeg blev besat, og jeg læste en masse om træning og kost. Faktisk følte jeg ikke, at jeg ville lave plads til et liv eller til sociale relationer ved siden af, selv hvis jeg fandt nogle. Det var vigtigere at have flad mave og at nå mine mål. Jeg drog gavn af det der med, at begavede kan lære af an-dres erfaringer, uden at skulle gennemgå de samme oplevelser selv, og fandt

119

hurtigt ud af, hvad der var mest effektivt at fokusere på for at nå mine mål. Jeg endte også med at stille op til to fitnesskonkurrencer med gode resultater. Selvom jeg godt kunne lide min krop, så følte jeg ikke, at det var mig. Selvom jeg havde spillet badminton, danset og trænet tidligere, så følte jeg mig ikke som den store sportspige. På det tidspunkt trænede jeg heller ikke, fordi jeg egentlig kunne lide det. Jeg gjorde det i høj grad for at få en flot krop, og så gjorde jeg det for at gøre mig selv stærkere og opbygge en stærkere skal, der skulle beskytte min svage kerne. Jeg forsøgte at beskytte min sårbarhed med min hårde skal, fordi min sårbarhed tidligere havde fået mig i så store problemer. Jeg ville aldrig føle mig så svag igen, som jeg havde følt mig dengang.

Den dårlige ting var, at jeg egentlig ikke havde noget liv, og jeg brød mig i bund og grund heller ikke om at styrketræne. Jeg brød mig heller ikke om at stille op i fitnesskonkurrencer. Den gode ting var, at jeg fik opbygget mig en stor selvdisciplin, som jeg ser som en kæmpe hjælp i dag. I dag er jeg samtidig blevet utroligt glad for at træne og dyrke motion, fordi jeg ikke længere har så stort fokus på de fysiske resultater. Nu gør jeg det i langt højere grad for sundheden og for mit velbefindende. Jeg ser det desuden som et godt modspil til alle de finurlige tanker, jeg har normalt. Når jeg dyrker motion, så slukker jeg ligesom for alle tankerne, og så får jeg genstartet. Det hjælper mig til at få energi, koble af og afstresse, og så hjælper det altid på humøret. Derfor vil jeg gerne slå et lille slag for, at du sørger for at få pulsen op flere gange i løbet af ugen, hvis du ikke allerede gør det.

Motion og begavelse

Der findes en stereotyp om, at højtbegavede måske er mere tilbøjelige til at fokusere på akademiske eller intellektuelle aktiviteter frem for fysisk aktivitet. Man ser ikke nødvendigvis en skarp hjerne i træningscentret, men måske mere i et bibliotek. Der er dog ikke noget data, der indikerer, at de dyrker mindre motion end gennemsnittet. Og det er virkelig også en god idé for de skarpe hoveder at få rørt sig. Når du er blandt de skarpeste, kan du have en tendens til at bo meget oppe i hovedet og ikke så meget i kroppen. Motion kan hjælpe med at få jordforbindelse og mærke dig selv bedre. Du kan også være mere udsat for stress og angst, som motion kan hjælpe med at afhjælpe. Plus, det er megasundt! Derfor vil jeg gerne slå et slag for at huske at få trænet. Det er ligegyldigt hvilken form for træning, så længe du synes, det er sjovt nok til at gøre det regelmæssigt.

Er vi enige om, at der er mange, der ser på motion som en slags straf? De ser træning som noget ubehageligt, de skal piske sig selv til for at undgå at blive tykke, svage eller syge. Som noget de skal tvinge sig til at få overstået. Jeg havde det selv på samme måde, lige indtil jeg ændrede min tilgang til det og fik gjort det til en vane. Derefter blev det meget nemmere at komme afsted. I stedet for at se på fysisk aktivitet som noget anstrengende, der bare skal overstås, fordi vi gerne vil undgå noget, så er det en kæmpe hjælp at fokusere på alt det positive, vi får ud af det. Tænk på den følelse af velvære, træning giver dig! Tænk på hvor stærk din krop og hjerne bliver af det! Tænk på den badass krop, du skal vise frem på stranden på Gran Canaria til sommer. På den måde bliver det meget nemmere at komme op af sofaen.

Og ved du hvad? En hel masse forskning tyder på, at vores kognitive evner og mentale skarphed øges via motion. Træning kan forbedre hukommelsen markant og holde hjernen sund og rask. Win, win, eller hvad siger du?

Bortset fra alt det der med velvære, så er træning også en mental mirakelkur. Det er som at give hjernen en kæmpe præmie – når du bygger fysisk styrke og udholdenhed, får du samtidig en mental opgradering. Tænk på det sådan her: Hver gang du klarer lidt mere vægt eller løber lidt længere, bliver din psyke også stærkere og mere modstandsdygtig. Kroppen og sindet er jo bedste venner, så det, der gør kroppen stærk, gør også sindet robust. Og det gælder også den anden vej – jo skarpere du er mentalt, jo mere power får du til at tackle dine fysiske mål.

Det er dog ikke kun det mentale, det handler om. Træning er også en superhelt, når det kommer til at holde dig fri for kroniske sygdomme som hjertesygdomme og diabetes. Regelmæssig motion hjælper dig med at holde en sund vægt. Træning booster også humøret, forbedrer søvnen, og gør dig mindre stresset. Farvel til depression og angst, hej til bedre selvtillid og mere disciplin. Helt ærligt, what´s not to like?

Hvordan kommer du i gang?

Jeg ved godt, at mange føler sig pressede på tid eller mangler energi til at træne. Men her er humlen – motion giver dig energi! Hvis du føler dig lidt flad eller mat i sokkerne, er det præcis derfor, du skal i gang. Og det skøre er, at mange af os faktisk får mere tid ved at dyrke motion. Hvorfor? Fordi vi får mere energi og overskud til at tackle de ting, der virkelig betyder noget. Mindre tid på sofaen er lig med mere tid til at leve livet. Plus, fysisk aktivitet hjælper dig med at sove bedre om natten, så du vågner op frisk og klar til en ny dag uden at skulle snooze tusind gange. Det hele handler om at prioritere motion, og så får du både tid og energi tilbage. Hvis du synes, det er hårdt at komme afsted til træningen, kommer her et par råd til at få det til at glide lettere:

Skridttæller: Selvom mange måske ser det som en lidt irriterende dille, så kan en skridttæller hjælpe dig til at motivere dig til at være aktiv i hverdagen og til at konkurrere med dig selv om, hvor mange skridt du kan nå op på.

Tænd musikken: Der er flere undersøgelser, der viser, at folk der dyrker motion til musik, finder anstrengelserne mindre. Hjernens opmærksomhed suges på en måde ind i musikken, og du glemmer, hvor hårdt det er. Derudover giver det energi.

Se TV-udsendelser på fjernsynet, Ipad´en eller telefonen: Det er naturligvis ikke så nemt, hvis du løber, eller går til boksning, men hvis du dyrker konditionstræning på maskinerne i fitnesscentret eller selv har en motionscykel eller andet udstyr hjemme, vil du med al sandsynlighed synes, at tiden går hurtigere, og at det hele går mere smertefrit, hvis du fokuserer på et spændende TV-program.

Hvis du har svært ved at få presset fysisk aktivitet ind, så kan det desuden være en rigtig god idé at skemalægge det og derefter holde dig til den plan. Når det er skrevet ned på et stykke papir, hvornår du lige præcis skal lave motion, så bliver det ikke sådan noget med, at du undervejs i hverdagen lige vil se, om du kan presse det ind. Det er planlagt på forhånd og dermed nemmere at gå til.

13. IQ-tests og IQ i andre lande

Nu kommer det til at handle om IQ-tests og IQ i andre lande. Kan man virkelig træne sig til en højere IQ-score? Hvorfor ser vi så store forskelle mellem landenes IQ-gennemsnit? Og det helt store spørgsmål: Bliver vi egentlig bare dummere og dummere som befolkning? Lad os finde ud af det!

Mit første møde med en IQ-test foregik på et tidspunkt, jeg ikke havde forudset. Lige pludselig besluttede jeg mig nemlig for at tage til session med ambitionen om at blive værnepligtig. Jeg begyndte at drømme om en jobtype, hvor jeg kunne træne i arbejdstiden. Tænk lige at kunne slå to fluer med ét smæk! Jeg kendte nogle, der arbejdede i militæret, og jeg var grøn af misundelse over, at de kunne træne mens de var på arbejde. Selvom jeg aldrig havde været tiltrukket af militæret, krig eller krigslignende situationer, virkede det pludselig utrolig tillokkende. Jeg havde ofte overvejet at tage en IQ-test tidligere, men frygten holdt mig tilbage. Hvad nu, hvis jeg slet ikke var så begavet, som jeg havde forestillet mig? Hvis jeg endda var ubegavet? Hvordan kunne jeg overhovedet acceptere mig selv, hvis jeg havde defineret min identitet som mere begavet end gennemsnittet, og det viste sig ikke at være tilfældet? Hvem var jeg så? Eller endnu værre – hvad hvis jeg var virkelig godt begavet? Ville det ikke bare få mig til at føle mig endnu mere som en outsider blandt "normale" mennesker? Jeg lagde meget vægt på det tal i IQ-tests og troede, det var hugget i sten, som et endeligt svar på min intelligens. Jeg mente at have læst det et sted. Senere i livet, efter at have læst mere og hørt om andres erfaringer, fandt jeg ud af, at IQ kan variere. Nervøsitet, andre psykiske faktorer, og hvilken test man tager, kan alle spille ind. Ens IQ afhænger også af, om man har øvet sig på lignende tests. Hvis det er en godkendt test, kan man dog ikke snyde sig til at være højtbegavet, hvis man ligger i middelområdet eller lavere. En normaltbegavet person kan sjældent forstå mere, end de allerede gør, selvom de tager testen flere gange. Men man kan udnytte sit fulde IQ-potentiale, hvis man ligger i den høje ende af skalaen, og har øvet sig.

Mensa

En af de mest anvendte tests til at måle IQ i Danmark er Mensas. Hvis du ikke allerede ved det, er Mensa en klub for de højtbegavede, hvor du skal have en IQ på over 130 for at blive optaget. Og det skal være målt med en af Mensas egne tests eller en af de internationalt anerkendte tests. Jeg blev noget undrende, da jeg fandt ud af, at du har tre forsøg med nogle måneders mellemrum til at bestå Mensas optagelsesprøve. Jeg troede, at IQ var fast, så hvorfor så mange forsøg? Det viser sig, at det faktisk ikke er så enkelt at måle IQ præcist, hvilket giver god mening at give folk flere forsøg på at nå de 130. Man siger, at den højeste score, man får, er den mest rigtige – netop fordi man ikke kan snyde sig klogere, end man er. Man kommer ikke til at forstå komplekse problemstillinger bedre, end man kan. Det er umuligt. Vores IQ kan altså godt variere, men ikke så meget at vi kan gå fra at være normaltbegavede til højtbegavede på en test. Det vil være ret tydeligt fra starten, hvilket område vi befinder os i. Vi kan dog godt have en IQ på 120-129 og senere blive målt til at have en IQ på 130 plus. Måske var vi meget nervøse første gang, vi tog testen. Nervøsitet kan nemlig spille ind på resultatet. Det kan også være, at vi var inde i en virkelig dårlig periode med stress eller depression. Så fungerer vores hjerner ikke optimalt. Akutte eller kroniske sygdomme kan også påvirke mental klarhed og præstation på en test. Omvendt kan fortrolighed med testens format og typen af spørgsmål hjælpe med at forbedre ydeevnen. Træning i specifikke kognitive færdigheder kan også forbedre resultaterne til en vis grad, selvom dette er begrænset af intelligensens generelle natur. At tro på egne evner kan også hjælpe med at forbedre præstationen, mens tvivl og negativ selvtale kan hæmme den.

Mensas test er udelukkende baseret på mønstergenkendelse. Der er hverken ord eller tal. Det handler bare om at finde det næste mønster i rækken. Andre tests, du kan finde på nettet, måler også på andre kompetencer som hukommelse, basal viden eller matematisk sans. Hvordan man bedst måler en persons intelligens er en stor diskussion i sig selv. Nogle mener, at mønstergenkendelse er den reneste form for intelligensmåling, mens andre foretrækker en bredere tilgang, der også tager hensyn til verbale og matematiske færdigheder. Uanset hvad, så giver det mening, at vores præstation på en IQ-test kan variere på grund af forskellige faktorer som nervøsitet, stress og sygdom. Og det er også derfor, at vi kan få lov til at tage testen flere gange hos Mensa.

Hvis du gerne vil klare en IQ-test bedre

Hvis du gerne vil forbedre dine chancer for at klare dig godt i en IQ-test og måske komme ind i Mensa, er der nogle strategier, du kan prøve. Start med at øve dig på lignende tests for at blive bekendt med formatet og de typer opgaver, der typisk optræder – som logiske ræsonnementsopgaver, mønstergenkendelse og matematisk problemløsning. Det kan hjælpe dig med at tænke hurtigere og mere effektivt under selve testen. Sørg også for at få nok søvn, spis en sund kost, og hold dig fysisk aktiv, da en sund krop støtter en skarp hjerne.

På selve testdagen er det vigtigt at være afslappet og fokuseret. Tag dybe vejrtrækninger for at dæmpe nervøsiteten og husk, at det at være rolig kan hjælpe dig med at tænke mere klart og præcist. Husk også at IQ-tests ikke kan måle alt. Gå ind med en positiv indstilling og gør dit bedste!

Forskellig IQ i forskellige lande

Selvom IQ kan variere, og der er flere ting, der spiller ind på resultatet, er det alligevel interessant at dykke lidt ned i gennemsnitsbegavelsen for de forskellige lande. Der er nemlig utroligt stor forskel på, hvor høj IQ de har. Mange undersøgelser har forsøgt at sammenligne den gennemsnitlige IQ på tværs af forskellige lande, men det er ikke helt så enkelt, som det lyder. Disse resultater kan nemlig være påvirket af en hel masse faktorer, lige fra socioøkonomiske forhold til sundhed og uddannelsesniveauer. Her er et kig på, hvad der spiller ind:

~ **Uddannelse:** Kvaliteten og tilgængeligheden af uddannelse spiller en kæmpe rolle i udviklingen af kognitive evner. Lande med fantastiske skoler har generelt højere gennemsnitlige IQ-niveauer. Jo bedre uddannelsessystemet er, jo bedre klarer folk sig på IQ-tests.

~ **Økonomisk Velstand:** Økonomisk velstand giver adgang til ressourcer som sundhedspleje, ernæring og uddannelse, som alle kan booste IQ. God ernæring, især i barndommen, er afgørende for hjernens udvikling. Mangler i essentielle næringsstoffer kan påvirke de små negativt.

~ **Kultur:** Kulturelle forskelle kan også spille en stor rolle. Hvordan IQ-testene opfattes og udføres, kan variere fra kultur til kultur. Nogle steder lægger man større vægt på færdigheder, der ikke nødvendigvis måles af traditionelle IQ-tests. Så hvad der anses som intelligent i én kultur, kan være anderledes i en anden.

~ **Sundhed:** Generel sundhed og adgang til sundhedspleje er også afgørende. Sygdomme og helbredstilstande, der påvirker hjernens udvikling, kan trække gennemsnitlige IQ-niveauer ned. Så en sund krop fører til en sund hjerne.

~ **Bias i testning:** IQ-tests kan være kulturelt biased. Det betyder, at de kan favorisere bestemte kulturer eller uddannelsessystemer. Testresultaterne kan derfor ikke altid sammenlignes direkte mellem forskellige lande.

~ **Genetik vs. miljø:** Og så er der den store debat: Hvor meget af IQ-forskellene skyldes gener, og hvor meget skyldes miljøet? De fleste forskere er enige om, at begge spiller en rolle, men hvor meget vægt de hver især har, er stadig til debat.

Eksempler på gennemsnitlig IQ i nogle lande (baseret på tilgængelige data)

Singapore: 108
Hong Kong: 108
Japan: 105
Sydkorea: 104
Tyskland: 102
Holland: 102
Schweiz: 101
Storbritannien: 100
Danmark: 98
USA: 98
Italien: 95
Ukraine: 91
Brasilien: 87
Syrien: 83
Indien: 82
Iran: 80
Sydafrika: 77
Somalia: 68

Disse tal er baseret på forskellige kilder og undersøgelser, og der kan være variationer afhængigt af datakilder og testmetoder. Jeg har forsøgt at tage gennemsnittet af de forskellige tilgængelige tal. [7]

Singapore og Hong Kong stråler som intellektuelle stjerner takket være deres intense fokus på uddannelse og hårdt arbejde. I Singapore bliver børnene

[7] www.worlddata.info / www.worlpopulationreview.com/ www.datapandas.org

fra en tidlig alder presset til akademisk formidabelhed med strenge skoler og ambitiøse forældre, der fungerer som coaching ninjas. I Hong Kong er konkurrencen intens, og børnene går igennem en intellektuel boot camp, hvor fritid næsten er en myte. Kombinationen af disciplin, hårdt arbejde, og en dybt forankret tro på uddannelse gør disse bystater til fyrtårne af høj IQ i verden.

I den anden ende af skalaen har vi Somalia. Forestil dig, at du forsøger at læse en bog midt i en sandstorm, mens du balancerer på en kamel – sådan føles det at få en god uddannelse i Somalia. Landet har været plaget af politisk ustabilitet, krige og pirateri, hvilket gør skolegang til en luksus for de få heldige. Manglen på ressourcer og en stabil regering har gjort det svært for børn at få en ordentlig uddannelse, og mange må i stedet fokusere på overlevelse i en barsk hverdag. Tilsæt en knivspids fattigdom og en generel mangel på adgang til sundhed og ernæring, og du har opskriften på lav IQ. Selv hvis IQ hovedsagligt er arveligt, så kan selv de skarpeste gener have svært ved at blomstre i en ørken uden vand. Uden et støttende miljø, næring, uddannelse og stabilitet, vil selv de bedste gener kæmpe for at skinne igennem.

Skal der trænes til en IQ-test?

Selvom der er masser af huller i vejen, når det kommer til at måle forskellige landes IQ, er det alligevel ret vildt at tænke på, at der kan være hele 40 IQ-point mellem det land med den højeste og det med den laveste gennemsnits-IQ. For det første bruges ikke altid de samme tests til at måle IQ på tværs af lande, hvilket kan føre til resultater, der ikke nødvendigvis afspejler den reelle forskel i intelligens. Tænk derudover på at skulle teste nogen, der stort set aldrig har sat fod i en skole. De er måske slet ikke vant til den slags tænkning, som IQ-testene kræver. Tag Raven's Progressive Matrices, en nonverbal test, som ofte bruges til at måle abstrakt ræsonnement. Denne test er designet til at være kulturneutral, så det burde være en retfærdig måde at måle IQ på tværs af kloden. Testen består af mønstre eller billeder med en manglende del, og testpersonen skal vælge den korrekte del fra flere muligheder – lidt ligesom en Mensa-test for mønstergenkendelse. Men hvis du aldrig har set en talrække eller tænkt i serier før, bliver det en kamp op ad bakke, eller rettere sagt, som at bede en fisk om at klatre i et træ.

Og her er paradokset: Hvis din IQ er noget, du er født med, hvorfor kræver en IQ-test så, at du har haft en vis form for træning? Selvom IQ-tests forsøger at måle de medfødte kognitive evner, kan træning og erfaring uundgåeligt påvirke dine resultater. I det store hele er IQ-tests dog designet til at måle dit generelle kognitive potentiale – altså hvor godt din hjerne kan fungere – snarere end bare at teste, hvor godt du har lært en bestemt færdighed. Så ja, træning kan booste dine resultater en smule, men det er dine medfødte evner, som testen forsøger at få fat i.

Forskelligt syn på intelligens?

Andre kulturer ser ofte anderledes på intelligens end den vestlige verden, hvor vi elsker at måle folks klogskab med IQ-tests og konkurrence i, hvem der kan regne hurtigst eller tænke mest logisk. Herunder kommer et par eksempler:

I *afrikanske kulturer* er der ofte en stor vægt på den praktiske side af intelligens – som at kunne finde mad, bygge husly og stadig have overskud til at underholde med en god historie ved lejrbålet. Her bliver du ikke målt på, om du kan recitere matematiske formler, men på, om du kan finde vej gennem junglen uden GPS eller charmere dig vej gennem et socialt netværk komplekse sociale netværk. Evnen til at bidrage positivt til fællesskabet er i høj kurs.

I *indianske samfund* kan begavelse handle mindre om at kunne stave til "kvantefysik" og mere om at have sjette sans for naturens finurligheder og fællesskabets følelser. Her er det dem, der kan tale med træerne, mærke jordens puls og forstå dyrenes hemmelige sprog, der scorer højt på intelligens-skalaen. Det handler om at være i perfekt harmoni med alt omkring én – fra brisen i trækronerne til rytmen i et bål – og den slags viden anses som den ægte form for klogskab.

Bliver vi dummere og dummere?

Der har længe været en livlig debat om, hvorvidt vi alle sammen langsomt er ved at blive lidt dummere, men som med så mange andre spørgsmål i livet, er svaret ikke helt så simpelt. I det 20. århundrede var der en bemærkelsesværdig tendens, hvor folk rent faktisk blev klogere – eller i det mindste scorede højere på IQ-test - en tendens, som forskerne kaldte Flynn-effekten. Det var ligesom en slags hjernefitness-trend, hvor vi alle sammen begyndte at løfte tungere hjerne-vægte end vores oldeforældre gjorde. Men før vi begynder at klappe os selv alt for meget på ryggen, er der nogle nyere undersøgelser, der kunne tyde på, at denne effekt muligvis er ved at vende. Så er der dem, der mener, at vi med alle vores smartphones, sociale medier og 24-timers nyhedsstrøm måske er ved at udvikle os til nogle guldfisk med et hukommelsesspænd på et par sekunder. Vores forfædre kæmpede mod sabeltigre, mens vi kæmper mod at blive distraheret af den næste notifikation. Nogle påstår, at alle de overfladiske stimuli gør os mindre dybsindige og mere distraherede, mens andre hævder, at teknologien i virkeligheden giver os superkræfter til at lære og løse problemer som aldrig før. Samtidig er der vores uddannelsessystem, som til tider kan virke som en maskine, der spytter unge mennesker ud med imponerende testresultater, men uden den kritiske tænkning og nysgerrighed, der i sidste ende gør os rigtigt kloge.

Nogle forskere har spekuleret i, om ændringer i, hvem der får flest børn, kan påvirke, hvor kloge vi er som helhed. Der har for eksempel været diskussioner om, hvorvidt det at visse grupper får flere eller færre børn end andre, kan have en indflydelse på, hvor skarpe vi samlet set ender med at være. Hvis vi opererer ud fra idéen om, at IQ i høj grad er arveligt, så burde det kunne ændre den gennemsnitlige intelligens over tid, hvis de bedst begavede får færre børn end tidligere.

Der er ingen entydige beviser, der støtter en generel forringelse af menneskelig intelligens, men der er bekymringer for, hvordan visse faktorer i vores moderne samfund kan påvirke kognitive evner og uddannelseskvalitet.

BPP og session

Nå, men lad mig vende tilbage til min egen IQ-test. Så snart manden til sessionen fortalte, at vi skulle lave sådan en, så fik jeg hjertebanken og begyndte at svede som en gal. Jeg brød mig ikke længere om at blive testet, og da slet ikke med en IQ-test, der kunne vælte hele mit verdensbillede. Det var i virkeligheden dumt, for jeg havde jo slet ikke besluttet mig endeligt for, om jeg troede, jeg var mere eller mindre intelligent end andre, eller jeg i virkeligheden bare skulle være komplet ligeglad med min intelligens. På det tidspunkt vidste jeg ikke så meget om, hvilke tests der var anerkendte, og hvilke der ikke var, og jeg anede ikke, hvilken type de brugte til Forsvarets Dag. I dag kan jeg se, at det har været en BPP. Denne prøver både i sprog, logik og matematik. På trods af at jeg var meget nervøs til testen, havde jeg en fornemmelse af, at det var gået godt alligevel. Jeg fik aldrig resultatet af testen at vide, men de fortalte mig, at det var et meget flot resultat, og at jeg burde søge ind på officer-uddannelsen. Det valgte jeg faktisk også at gøre. Heldigvis kom jeg til fornuft, inden det blev aktuelt. Jeg tror virkelig ikke, at det der officer-noget havde været noget for mig, ligegyldigt hvor meget jeg end gerne ville have beholdt min trimmede mave.

14. Personligheder og studie

En dag besluttede jeg mig for at blive personlig træner. Det er en historie, der fører os direkte til spændende emner som selvstudie og eksamensnerver. Og mens vi er ved det, vil jeg også kaste lidt lys over, hvordan høj begavelse spiller ind på forskellige personlighedstyper. Så hæng på, for her kommer en god blanding af sved, bøger og personlig indsigt!

Hvis jeg skal være bundærlig, havde jeg det sådan, at jeg slet ikke kunne forestille mig at skulle leve af at arbejde af at hjælpe andre med deres træning. Nu havde jeg lært endelig at blive glad for min egen træning og at holde den ved lige, men hvis hele mit liv skulle bestå af det, så var jeg ret sikker på, at jeg ville blive godt og grundigt træt af det. Så ville jeg bare komme til at føle mig endnu mere personlighedsløs. Jeg følte ikke, at træning i virkeligheden var hele min identitet, men det ville det blive, hvis jeg skulle tilbringe de fleste af mine vågne timer ved selv at træne eller træne andre. Jeg følte, at jeg havde en anden personlighed end det. En personlighed jeg havde haft tidligere i livet, men som jeg nu ikke anede, hvordan jeg skulle finde frem.

Når jeg hørte folk tale om andre *"med en stor personlighed",* så beskrev de altid en person, der var virkelig udadvendt og måske endda højtråbende. Det var også tit en person, der talte meget. Det var alle andre end mig, de beskrev. Omvendt følte jeg, at jeg på en måde havde en stor personlighed gemt indeni. Den kunne bare ikke komme ud, og jeg turde ikke rigtigt finde den frem. Den kom blandt andet til udtryk ved, at jeg som regel ikke tog mig så meget af, hvad andre tænkte men dannede mine egne holdninger. På en måde tror jeg også, at al den træning, jeg lavede, var et forsøg på at finde noget mere personlighed frem. At man tør skille sig ud fra mængden, være sig selv og tør køre sit eget løb uden hele tiden at skulle have bekræftelse fra andre, forbinder jeg selv med en stor personlighed.

Begavede og personlighedstyper

Højtbegavede er lidt som enhjørninger i personlighedsland – de kommer i alle former og farver, men med nogle magiske fællestræk. Mange højtbegavede er nysgerrige, kreative og elsker at udforske nye ideer og emner. De kan have en intens tænkeevne og et stort behov for intellektuel stimulation, hvilket gør dem til dybdegående tænkere, der elsker komplekse udfordringer og problemer, der kræver utraditionelle løsninger. Samtidig kan de også være mere følsomme og have en stærk retfærdighedssans, ofte med en tendens til at tænke over meningen med livet og eksistentielle spørgsmål. Fælles for dem er en stærk intuition og evnen til at tænke helt ud af boksen – ja, faktisk tænker de ofte, som om boksen slet ikke eksisterer!

Lige som alle mulige andre kan du som en af de bedst begavede være både højtråbende og stille, afhængigt af din personlighed, miljø og individuelle forskelle. Dit intelligensniveau påvirker ikke nødvendigvis, hvor højlydt du er i din kommunikation. Din personlighedstype har mere at sige på den front. Som en af de bedst begavede kan du være både ekstrovert og introvert. Som ekstrovert kan du være mere tilbøjelig til at udtrykke dig højlydt, mens du som introvert kan være mere stille og tilbagetrukken. Hvis du har høj selvtillid, kan du være mere tilbøjelig til at tale højt og tydeligt, mens du som mindre selvsikker, måske er mere forsigtig i dit udtryk. Derudover betyder opdragelse også en del. Til gengæld er det typisk, at du som begavet kan have en stærk følelse af personlig integritet og kan være villig til at stå fast ved dine overbevisninger, selv når det er upopulært eller kontroversielt.

Uddannelse

Tanken om det der personlig træner kedede mig allerede i overvejelsesfasen. Omvendt havde jeg en stor viden indenfor området, og jeg ville kunne komme til at få klaret min egen træning som en del af mit arbejde. På det tidspunkt var det i virkeligheden det vigtigste. Jeg skulle have tid til min egen træning. Derfor startede jeg på uddannelsen som personlig træner. Det foregik som deltidsstudie ved siden af et barselsvikariat, jeg havde fået på en folkeskole. Jeg var glad for vikariatet, men eftersom det ikke var en fast stilling, følte jeg, at jeg måtte gøre det andet færdigt. Uden det skal lyde helt forkert, følte jeg lidt, at det var spild af tid at tage den uddannelse. Jeg vidste allerede alle de ting, vi lærte, fordi jeg selv havde trænet i så mange år og læst stolpe op og stolpe ned om det. Jeg har altid haft det sådan, at når jeg først interesserer mig for noget, så bliver jeg besat. Derfor havde jeg søgt al den viden, jeg kunne om kost, sundhed og træning. Uddannelsen til personlig træner tog jeg kun, fordi jeg tænkte, at mange mennesker ikke ville stole på det, jeg sagde, hvis jeg ikke havde taget en rigtig uddannelse inden for det. Selvom man kunne se på mig, at jeg havde en trænet krop, så var jeg bange for, at jeg ikke blev taget seriøst, hvis jeg ikke havde et eksamenspapir. Selvstudie på den måde bliver ofte set ned på, og mange folk er af den holdning, at man er nødt til at følge et etableret skolesystem for at lære det rigtige. Det syntes jeg var drønirriterende, fordi jeg kunne lære ting, jeg var interesseret i meget hurtigere og bedre selv, end hvis jeg tog en egentlig uddannelse i det. På den måde kunne jeg også sortere alle de ting fra, jeg fandt irrelevante og fokusere på de vigtige dele. Jeg syntes, det var virkelig dumt, at jeg på træneruddannelsen skulle bruge en hel masse tid på at lære en masse ligegyldige latinske begreber i kroppen udenad, og at jeg rent faktisk skulle til eksamen i det. Hvornår har personlige trænere nogensinde haft brug for at bruge *"brachium"* om folks overarme eller for at tale om de mindre blodkar med latinske betegnelser?

Begavede og selvstudie

Selvstudie og høj begavelse går ofte hånd i hånd som to nørdede bedste venner, der aldrig kan få nok af at lære. Som velbegavet har du i mange tilfælde en medfødt nysgerrighed og en appetit på viden, der er svær at mætte. Når du kaster dig over selvstudie, kan det næsten være som at slippe et barn løs i en slikbutik – du hopper fra emne til emne, suger alt til dig og bliver aldrig helt mæt. Selvstudie giver dig også friheden til at udforske præcis det, der tænder din intellektuelle gnist, uden at blive holdt tilbage af et fastlagt pensum eller en langsommere klasse. Det betyder, at du kan dykke ned i dybden på emner, der interesserer dig, udforske de små detaljer, og ikke mindst gå frem i dit eget tempo – hvilket ofte er meget hurtigere end gennemsnittet.

For de bedst begavede kan selvstudie også være en form for intellektuel leg – de elsker at udfordre sig selv, stille spørgsmål, som de ikke nødvendigvis kender svarene på, og udvikle deres egne forståelser af komplekse emner.

Et godt eksempel på en kendt person, der er sluppet godt afsted med selvstudie, er Elon Musk. Han er kendt for sin intense læselyst og evne til at dykke dybt ned i komplekse emner på egen hånd, hvilket har gjort ham i stand til at forstå og innovere brancher, hvor han ikke havde formel træning. For eksempel lærte han sig selv om raketvidenskab ved at læse lærebøger og tale med eksperter, da han begyndte at arbejde med rumfartsteknologi gennem *SpaceX*. Som barn lærte han også sig selv at programmere ved at læse bøger om emnet. Imponerende, ikke sandt?

Som godt begavet kan du have en tendens til at kede dig eller føle dig understimuleret. Selvstudie kan være en måde at holde dit sind engageret og udfordret på, så du undgår den rastløshed, der kan opstå, når du ikke bliver intellektuelt stimuleret nok.

Eksamen

Imens jeg tog den "rigtige" uddannelse til personlig træner, var jeg selv ved at træne op til konkurrence i bodyfitness. Jeg trænede to gange dagligt, og al min mad blev målt og vejet. Jeg følte slet ikke, at jeg havde nogen identitet andet end en træningsidentitet. Og det føltes ikke som min ægte identitet. Det føltes som en maske, jeg havde på. Det hele blev ligesom for meget, og jeg var lige ved at kaste op over, at alting handlede om kost og træning. Hvor var jeg selv blevet af i alt det her? Samtidig fik jeg et fuldtidsjob som dansklærer på en sprogskole. Derfor var det ikke længere nødvendigt, at jeg arbejdede som træner, og jeg valgte det fra. Det var en stor lettelse. Jeg havde nok at gøre med at opretholde min egen sixpack.

Sprogskolejobbet krævede, at jeg tog en uddannelse i dansk som andetsprog på universitetet. Jeg havde ellers svoret, at jeg aldrig skulle gå til flere eksaminer. Generelt var jeg ikke særlig god til dem, og det handlede nok mest om, at jeg stort set aldrig havde fulgt med i nogen af timerne. Det er ikke særlig sjovt at gå til eksamen, når man er rimelig uforberedt. Jeg hørte ikke efter i timerne, og jeg lavede aldrig lektier, så det var altid sådan noget med, at jeg åbnede min studiebog for første gang lige inden eksamen og i stress og jag forsøgte at få styr på hele årets pensum. Hvis det ikke var noget, der interesserede mig meget, gad jeg ikke læse mere end højst nødvendigt. Jeg var som regel rimelig god til at vurdere, hvad der skulle til for som minimum at kunne bestå. Uddannelsen skulle jeg tage som deltidsuddannelse ved siden af jobbet. Jeg havde den samme elendige studiestrategi, som jeg altid havde haft, og jeg syntes, at de timer jeg endelig mødte op til, var dødkedelige. På samme måde som jeg havde haft det på lærerseminariet, følte jeg, at jeg lige så godt kunne læse et par sider derhjemme i stedet for at bruge hele dagen på transport og på ringe udbytte ved at møde op på universitetet. Problemet var bare endnu engang, at jeg aldrig fik læst noget derhjemme. Jeg kunne simpelthen ikke tage mig sammen. Jeg kunne godt lide mit arbejde, men det var så kedeligt at læse det teori. De fire eksaminer på universitet klarede jeg mig igennem med middelkarakterer. Og det var fint for mig.

Begavede og eksaminer

Eksaminer er lidt af en blandet fornøjelse for de bedst begavede – en fascinerende, men også til tider frustrerende oplevelse. Især hvis du har lavet den klassiske fejl at cruise igennem skolen uden at udvikle ordentlige studievaner. På den ene side har du en kæmpe fordel, når det gælder om at lære hurtigt og forstå komplekse emner, hvilket gør dig til en stjerne i eksamenssituationer.

137

På den anden side kan eksaminer føles som at køre en Ferrari i sneglefart, fordi de ofte mangler den dybde og kreativitet, som du som godt begavet lever og ånder for:

Styrken ved eksaminer: For de kloge hoveder kan eksaminer være en scene, hvor de virkelig kan shine. Som en af dem kan din evne til at jonglere med idéer og hurtigt navigere gennem komplekse spørgsmål give dig en klar fordel i eksamenslokalet. Og lad os være ærlige – hvem elsker ikke at vise, hvad de kan? For nogle højtbegavede er eksaminer som at spille et spil, hvor de har alle de bedste kort på hånden.

Udfordringer ved eksaminer: Men her kommer elefanten i rummet: Eksaminer er ofte designet til at måle en bred, men overfladisk forståelse, hvilket kan være drønkedeligt, hvis du gerne vil grave dybt. Multiple choice-spørgsmål og standardiserede tests kan føles som en intellektuel spændetrøje, der holder dig tilbage fra at vise dit fulde potentiale. At skulle gentage ting og huske små detaljer, som du egentlig ikke gider, er som at få en superhelt til at feje gulv i stedet for at redde verden.

Overtænkningens faldgrube: Som en af de bedst begavede har du desuden en fantastisk evne til at overtænke alt. Du kan se komplekse nuancer i spørgsmål, som ingen andre gør, hvilket kan føre til forvirring eller direkte hovedpine. Mens de fleste går efter det åbenlyse svar, kan du ende med at finde alle mulige skjulte lag, som slet ikke var meningen, hvilket kan gøre en simpel test til et intellektuelt mareridt.

Perfektionisme og stress: Lad os ikke glemme perfektionismen. Som velbegavet har du ofte en indbygget forventning om at skulle præstere perfekt til mange ting. Dette kan gøre eksamener til en stressende affære, hvor frygten for at fejle hænger som en tung sky over dig. Selv når du klarer dig glimrende, kan du føle dig utilstrækkelig, fordi du konstant jagter den uopnåelige 100 procent perfekte præstation.

Når det kommer til eksaminer, kan højtbegavede få det bedste ud af deres skarpe hjerner ved at spille deres kort rigtigt. Her er en håndfuld tips til at tackle eksamener som en ægte mastermind – og måske endda have det sjovt samtidig!

Lav en plan, der rocker: Selv om du måske er vant til at flyve gennem studierne som en superhelt, kan en struktureret studieplan være din hemmelige superkraft. Det gør, at du undgår den sidste-øjeblikspanik og lander eksamensdagen som en professionel.

Spil spørgsmåls-spillet klogt: Godt begavede kan nogle gange grave sig så dybt ned i et spørgsmål, at de finder ting, der ikke engang var der. Øv dig i at tage spørgsmålene som de er – ingen skjulte meninger, ingen bagtanker. Tænk på det som et spil, hvor du skal finde det mest oplagte svar uden at overkomplicere det. Jo mere simpelt, jo bedre.

Tid er penge – brug den smart: På eksamensdagen er tiden din værdi. Hvis et spørgsmål føles som en labyrint, så lad det være og vend tilbage senere. Hop videre og saml pointene fra de nemmere spørgsmål først – det er ligesom at gå efter guldmønterne i Mario, før du kaster dig over de svære baner.

Stresshåndtering som en ninja: Perfektionisme kan være en hård opdrager, men stress behøver ikke styre showet. Find din indre zen-mester frem med dybe vejrtrækninger eller visualiseringer, der får dig til at føle dig afslappet.

Test din superstyrke: Selvom du føler dig godt klædt på, kan det være guld værd at tage et par prøver på forhånd. Det er som en generalprøve før den store premiere – det giver dig en chance for at finjustere dine moves og undgå eventuelle overraskelser.

Pauser, pauser, pauser: Selv den bedste hjerne har brug for en opladning. Tag små, men gode pauser for at få ny energi – måske med en dans, en snack, eller bare en tur udenfor for at få lidt frisk luft. Pauser er som at fylde brændstof på raketten – du kommer hurtigere frem.

Sæt realistiske forventninger: Ja, du er megaklog, men ingen er fejlfri. Drop tanken om at skulle ramme 100% hver gang og husk, at selv Einstein ikke altid havde alle svarene. At acceptere fejl som en del af rejsen gør dig mere rolig og klar til kamp.

Få backup om nødvendigt: Hvis eksamensangsten eller præstationspresset begynder at føles som en dårligt skrevet gyserfilm, så tøv ikke med at få lidt hjælp. En samtale med en vejleder eller coach kan være lige det, der skal til for at få styr på nerverne og få dig tilbage på sporet.

Med disse tricks i baglommen kan du gå ind til eksamen med selvtillid og et smil, klar til at vise verden, hvad du virkelig kan!

15. Forhold

Nu skal vi tale om noget, der er endnu vigtigere end at være god til differentialligninger – forhold og valg af partner! Vi skal også tale om noget andet interessant - kærlighed og skyggesider. Så sørg for at hænge i til den bitre ende og læse hele kapitlet!

På det her tidspunkt i livet, hvor jeg endelig havde fået fast arbejde, var jeg også i et længerevarende forhold. Jeg var stadig ikke kommet mig igen efter at have været i forholdet med massiv psykisk vold. Derfor kunne jeg heller ikke åbne op for mine følelser. I virkeligheden havde jeg faktisk altid været enormt dårlig til at åbne op om mine følelser. Sommetider følte jeg nærmest for meget, og andre gange havde jeg svært ved at mærke mine følelser. Efter min fars sygdom, blev det sværere for mig, og efter mit nedbrydende forhold, blev det næsten umuligt. Det var som om, jeg havde lammet mig selv. Jeg kunne ikke føle ægte, romantiske følelser for nogen - heller ikke min daværende kæreste. Om jeg ikke turde føle noget, eller han slet ikke var den rette for mig, ved jeg ikke. I hvert fald havde jeg ikke fået gennemarbejdet mine traumer nok til at kunne give noget af mig selv i et kæresteforhold. Men jeg havde heller ikke lyst til at være alene.

Jeg havde tit haft følelsen af, det var som om, at der bare ikke rigtigt var nogen, der passede til mig, og den følelse var blevet forstærket efter mit elendige og nedbrydende forhold. Jeg følte simpelthen ikke, at jeg klikkede med nogen på et dybere plan. Jeg var for langt væk fra dem, jeg mødte, og de var for langt væk fra mig. Desuden var jeg meget selvstændig. Jeg var enebarn og vant til at klare tingene selv. Jeg var ikke vant til at dele særligt mange ting med andre, og hvis jeg havde et problem, var det som regel mig selv, jeg spurgte til råds og ikke andre mennesker. Det er der altså ikke særlig meget wife-material over! På en måde gad jeg godt, at jeg ikke var så selvstændig, og at jeg havde mere brug for andre menneskers holdninger og hjælp. Så ville det nok være lettere at indgå i et forhold. Jeg gad bare godt finde en, jeg virkelig matchede med og én, jeg følte, der var nogenlunde samme sted som mig selv. Lige børn leger nu engang bedst. Mange gange har jeg drømt om at finde mit IQ-match. I virkeligheden er jeg ikke klar over, om en mand med nogenlunde samme IQ automatisk vil være et godt match for mig, men min hypotese er, at det kan være en af de bedste ting at matche på. På den måde vil der være større mulighed for, at vi vil kunne forstå og se nogle af de samme ting, hvis vi går gennem livet sammen. Eller handler de ting, vi ser og forstår i lige så høj grad om vores opvækst og erfaringer? Jeg har ikke et endegyldigt svar, men jeg ved, at når de bedst begavede møder hinanden, så er der ofte tale om en kommunikation, hvor de forstår hinanden på en anden måde og på et andet plan. De kører på samme frekvens. På TV hørte jeg tit om forhold, hvor de elskede hinanden højt, og hvor de støttede hinanden i alt. Sådan et forhold havde jeg aldrig haft. Det var lige før, jeg ikke vidste, om jeg troede på, at de fandtes. Men jeg var misundelig. Det var sådan et, jeg drømte om. Måske var jeg bare for kræsen og satte barren for højt.

Der hvor jeg var, følte jeg mig så anderledes, akavet og nedbrudt, at jeg ikke var synderligt glad for mig selv. Og vi bliver nødt til lige at slå en ting fast: Hvis vi ikke er specielt vilde med os selv, så vil vi også have svært ved at vælge den rette partner for os. Hvis vi ikke træffer beslutninger for os selv, der er baseret på kærlighed, hvordan skal vi så kunne vælge det bedste for os selv? Vi vil ende med at tilbringe for lang tid sammen med den forkerte person, og det vil være svært at stå fast på vores egne grænser og ved vores værdier. Jeg følte, at mine forhold var ret overfladiske, og at de på en måde var uægte. Det handlede nok om, at jeg ikke følte, der var nogen, der kendte mig rigtigt. Samtidig med min ringe selvfølelse, blev jeg for utålmodig og ikke gad være single, så jeg endte med at vælge nogle mænd, jeg slet ikke passede sammen med. I bund og grund havde jeg mistet troen på, at jeg nogensinde ville komme til at føle, at jeg passede ind nogen steder.

Det rette match

Det er en velkendt udfordring for folk med høj IQ at finde den perfekte partner. Jo højere IQ'en er, jo smallere bliver puljen af potentielle partnere, især hvis du vil finde en, der er på dit eget niveau, og som kan følge med dine mentale akrobationer. Når du længes efter dybe samtaler om eksistentielle spørgsmål og komplekse idéer, er det ikke let at finde nogen, der kan matche dit niveau af intellektuel stimulans. De bedst begavede har ofte skyhøje standarder – ikke kun for sig selv, men også for deres partnere. Det gør det naturligvis sværere at finde nogen, der kan leve op til de idealer. Men det stopper ikke der! Som godt begavet kan du være din egen værste kritiker og spekulere over, om du nu også selv lever op til andres forventninger. Denne selvkritik kan skabe en skov af usikkerhed i forhold, som får det hele til at virke som en intellektuel labyrint. Mange begavede føler sig anderledes eller ligefrem misforståede, og det kan gøre det ekstra svært at finde nogen, de virkelig klikker med. Denne isolation kan være som en usynlig mur, der står mellem dem og tætte relationer. Og så er der interesserne! De er ofte nicheprægede og intense – som at være besat af robotter, musikalsk teori og komposition eller af filosofiske spørgsmål om eksistens og moral. At finde nogen, der deler den samme passion, kan derfor være som at lede efter en nål i en høstak. Højtbegavede har også en tendens til at værdsætte deres alenetid, hvor de kan fordybe sig i deres særinteresser, hvilket gør det svært at finde en balance mellem at være i en relation og at dyrke deres eget space.

Når det kommer til dating, følger de heller ikke nødvendigvis den gængse opskrift. Mange af dem, jeg har talt med, skal intellektuelt kurtiseres over en længere periode og vil gerne høre andet end *"Du ser godt ud."* I det hele taget kan datingkulturen være udfordrende, da der kan være et overfladisk fokus. Mange moderne datingapps fokuserer på udseende og korte beskrivelser, hvilket kan være utilfredsstillende, hvis du har en høj IQ, og du søger dybere og mere meningsfulde forbindelser. Den hurtige natur af swipe-baserede apps kan føre til, at du føler, at du ikke får muligheden for at vise din dybde og kompleksitet. Du kan måske heller ikke finde den hos andre. Som en af de bedst begavede kan du finde det frustrerende, at mange samtaler starter og stopper ved overfladiske emner, uden at der er en dybere intellektuel forbindelse. Du kan opleve, at dine potentielle partnere ikke deler din passion for dybere diskussioner om filosofi, videnskab, kunst eller andre komplekse emner, og du kan finde det trættende hele tiden at få beskeder som: *"Hey, hva´så?"* eller *"Har du haft en god dag?"* Sådan har jeg i al fald selv haft det mange gange. Kommunikation gennem tekstbeskeder og sociale medier kan i det hele taget mangle den dybde og de nuancer, som du som begavet ofte værdsætter i samtaler. Hvis du i forvejen har en travl tidsplan, kan du muligvis komme til at vælge dating helt fra, da det alligevel kan føles som et håbløst projekt.

Så hvad gør du, når du føler dig som en intellektuel enhjørning i en skov fuld af heste? Svaret er at være åben for forskellige typer af relationer og eventuelt prøve nye måder at møde mennesker på. Det kan for eksempel være i specialiserede interessegrupper, bogklubber eller andre aktiviteter, hvor chancen for at møde ligesindede er større. Det kan også være i datinggrupper for folk, der er godt begavede. Samtidig gælder det om at arbejde på din selvaccept og selvkærlighed, da det bliver nemmere at tiltrække en partner, der passer til dig, jo bedre du har det med sig selv.

Slut

Selvom det ikke var optimalt, så blev jeg i mit eget omtalte forhold i knap fem år. Jeg skulle ikke nyde noget af at skulle ud på datingmarkedet igen. Jeg tænkte også, at jeg nok ikke kunne finde bedre. Det er heller ikke sikkert, at jeg kunne det. Han var en god fyr på mange måder. Jeg øvede mig i at være tilfreds med situationen, som den var uden at hige efter mere. Græsset var jo ikke altid grønnere på den anden side, vel? Jeg burde bare være tilfreds med det, jeg havde uden at ønske mere. Problemet var bare, at jeg ikke var sådan ægte tilfreds med noget som helst. Men jeg følte ikke, at det kunne eller ville blive bedre, end det var. Måske har du selv siddet for længe fast i noget, du ikke burde, fordi du tænkte, at du skulle øve dig i at nøjes?

Vi gik fra hinanden ret pludseligt. Bagefter orkede jeg ikke at skulle finde en ny, og det var faktisk mit største problem med hele situationen. Jeg havde haft det trygt i forholdet, og jeg troede, at det var det, jeg kunne regne med fremadrettet. Jeg kunne ikke overskue, at jeg skulle lære en ny at kende, og der var en ny, der skulle prøve at forstå mig.

Selvsaboterende adfærd

I bund og grund følte jeg, at jeg havde fanget mig selv i min egen hjerne, og jeg kunne ikke komme ud igen. Jeg blev ved med at spænde ben for mig selv, og jeg kunne ikke stoppe det. Jeg vidste ikke, hvordan jeg skulle komme ud. Jeg var fanget et sted, hvor jeg ikke rigtigt havde nogen følelser mere, og hvor hele mit liv bare handlede om træning og kalorier. Det var ligesom om, der var en, der havde stjålet min sande identitet, mens jeg havde overtaget en anden. Mine følelser og min hjerne havde jeg fuldstændig frakoblet hinanden. Jeg troede, at jeg skulle tænke mig ud af situationen, og at jeg måtte bruge min logik til at få mig ud med. Jeg tænkte, så det bragede, men det fungerede overhovedet ikke. Det var faktisk som om, det gjorde det værre, jo mere jeg forsøgte at spekulere og analysere mig frem til de rigtige svar. Min kontakt til mine følelser blev nemlig ringere, jo mere jeg forsøgte at tænke mig ud. Jeg kunne jo ikke være specielt begavet, når jeg ikke kunne tænke mig frem til en løsning, og når jeg blev ved med at rode mig ud i dumme situationer. Mit næste dumme træk blev da også at kaste mig ud i endnu et forhold med psykisk vold. Og så stod det for alvor klart for mig: Jeg var virkelig ikke særligt begavet! Begavede folk havner ikke i noget, der er så dårligt for dem! Det er de for kloge til. På trods af at det var tæskedumt, var det på sin vis også virkelig smart. Det var nemlig som om, jeg havde brug for endnu et skrækkeligt forhold for at komme helt ud på den anden side. Jeg havde brug for at skrabe bunden helt endnu engang for at finde ægte motivation og disciplin til at kæmpe for et bedre liv for mig selv. Hoppebolden måtte helt ned at ramme jorden, før den kunne bounce og flyve op igen.

Selvom jeg følte mig på grænsen til at være retarderet efter det forhold, så tænker jeg nu sommetider på, om jeg mon var sådan et kæmpegeni, at jeg rent faktisk gjorde det med vilje. Tænk hvis min krop eller underbevidsthed godt vidste, at jeg var nødt til at gennemgå det hele igen for at komme rigtigt ud? Tænk hvis han tiltrak mig i første omgang, fordi jeg havde brug for ham til at komme helt ud på den anden side?

Modspillere

I forholdet oplevede jeg i endnu højere grad at føle mig ensom og misforstået, fordi vi spillede på to vidt forskellige hold. Min partner var ikke ligefrem cheerleaderen, jeg havde håbet på. Faktisk var han mere modstanderen, der konstant forsøgte at tackle mig. Han hverken kunne eller ville forstå mig. Samtidig var jeg ensom, fordi jeg i bund og grund havde afvist mig selv. Jeg lyttede ikke til mig selv eller min mavefornemmelse, da den allerede i starten af forholdet råbte til mig, at der var noget, der ikke var, som det skulle være. Jeg var havnet i endnu et ødelæggende forhold, som jeg en stor del af tiden var klar over ikke var det rigtige for mig. Jeg kunne godt gennemskue det faktum, at han var vildt manipulerende, men jeg undskyldte det med, at jeg nok heller ikke var nem at være sammen med på grund af min fortid. Jeg var heller ikke overbevist om, at han kørte mig ned af ond mening. Måske var han slet ikke klar over, hvad han gjorde. Han vidste måske ikke bedre, og så burde jeg måske være lidt mere large. Derudover var han vellidt blandt mange andre, hvilket fik mig til at betvivle min dømmekraft endnu mere. Hvis andre syntes, han var sådan en fantastisk fyr, så var det nok mig, der var galt på den igen. Min selvtillid og selvrespekt var som en pizzadej uden gær - flad og uden hævning.

Partner

De fleste af os ved nok godt, at vores valg af partner har stor indflydelse på vores liv og generelle tilfredshed. Derfor er det ekstremt vigtigt at vælge en, der er god for os. Usunde forhold kan suge livsglæden ud af os som en vampyr ved midnat. Parforhold skal være styrkende og ikke som en pose tung cement. Ellers kan vi lige så godt være single i sofaen hver aften.

Ingen af os ønsker en partner, der forsøger at lave os om, og derfor bør vi selvfølgelig heller ikke forsøge at ændre vores partner konstant. Før vi går ind i et forhold, er det en god idé at arbejde på vores psykiske sundhed og selvkærlighed. Det er svært at få et parforhold til at fungere, hvis vi ikke kan lide os selv. Hvis vi har lavt selvværd, vil vores forhold ofte være baseret på kontrol snarere end kærlighed. Hvis vi ser os selv som utilstrækkelige, vil vi hele tiden lede efter beviser for, at vores partner kan lide os eller ikke kan lide os, hvilket gør det svært at stole på dem. Vi kan ende med at straffe vores partner for vores egen usikkerhed og fremhæve deres fejl for at skjule vores egne begrænsninger.

Hvis vi ikke bryder os om os selv, vil vi lettere føle jalousi, had eller tvivl, hvilket vil gå ud over vores partner. Vi kan ende med at projicere vores personlige usikkerheder over på dem, komme med anklager og betvivle deres moral. De kan komme til det samme ved os, hvis de heller ikke kan lide sig selv. Det er ikke særlig romantisk! Sådanne forhold kan ende med at blive usunde og måske endda giftige.

En grund til, at vi kan ende med en partner, der ikke passer til os, er frygten for at være alene. Vi har brug for bekræftelse og følelsen af at være elsket, selvom det ikke er af den rette person. Usunde forhold får os til at have det dårligere med os selv end at være alene. Derfor er det sjældent en god idé at kaste os ind i et forhold, før vi har arbejdet med vores selvkærlighed. Lad mig slå fast: Det er bedre at være alene end at sidde fast i et dårligt forhold! I et usundt forhold føler vi os ofte endnu mere ensomme, fordi vi ikke spiller på samme hold eller forstår hinanden.

Det er vigtigt at arbejde med vores selvværd, så vi står stærkt i os selv. Når vi elsker os selv, har vi ikke behov for konstant bekræftelse og kan undgå desperate valg på datingfronten. Vi kan tage os tid til at finde en person, der virkelig beriger vores liv. Et problematisk forhold til os selv er lige så drænende som et problematisk forhold til en partner. Mangel på venskab er desuden ødelæggende for et parforhold.

Hvis du er i tvivl om, hvorvidt du er havnet i et usundt eller giftigt forhold, og om du burde forlade det, så kan du ofte finde svaret i dig selv ved at stille følgende spørgsmål:

Hvad ville du råde dit eget barn eller en ven til at gøre i samme situation?

Det er nøjagtig det samme, som du selv skal gøre. Lad din mavefornemmelse guide dig i stedet for at gøre det alt for kompliceret for dig selv. Den slår sjældent fejl.

Jeg brugte desværre selv helt vanvittigt lang tid på at forsøge at gennemskue, om det hele var min egen skyld, og om han virkelig behandlede mig dårligt med vilje, eller det var mig selv, der var ved at blive vanvittig. Lige pludselig var der gået knap to år, og jeg havde fået et barn. Derefter vågnede jeg langt om længe op. Jeg oplevede nemlig til min store overraskelse, at jeg kunne føle positive følelser igen efter at have fået min datter. Jeg ville det bedste for hende, og det bedste for hende var også, at jeg havde det godt. Derfor stod det klart for mig, da hun var helt spæd, at jeg måtte ud af forholdet i raketfart. Jeg skyndte mig at flytte tilbage til min hjemby med min datter, og jeg begyndte at få det bedre. Først da chikanen fra min ekskæreste endelig stoppede, og jeg for alvor begyndte at søge veje for at få det godt, blev jeg tilfreds med livet og tilværelsen, og min følelse af ensomhed stoppede. Det skete blandt andet, fordi jeg for første gang siden barndommen lærte at forstå og acceptere mig selv og alle mine sider og lærte, at jeg ikke var forkert, bare fordi jeg stak ud.

Kærlighed og skyggesider

Forelskelse er en mystisk størrelse, som mange forsøger at forstå og forklare. Ofte hører vi om folk, der "forelsker sig i den forkerte". Men måske er det sådan, at vi aldrig rigtig falder for den forkerte person – vi falder for lige netop den person, som har evnen til at vise os vores skyggesider, som vi ikke selv kan få øje på. Sådan forholder det sig i hvert fald ifølge Jytte Vikkelsøe. Som jeg skrev om tidligere i bogen, så er det nødvendigt at få dine skyggesider frem og acceptere dem for at kunne acceptere dig selv fuldt ud. Derfor kan en "forkert forelskelse" ende med i virkeligheden at være den mest rigtige.

Forestil dig, at du går gennem livet med en rygsæk fuld af ubevidste mønstre, frygt og uforløste konflikter – det, som psykologer kalder dine skyggesider. De er de dele af dig selv, som du helst ikke vil se eller anerkende. Men så dukker den særlige person op, som trykker på alle de rigtige (eller forkerte) knapper, og pludselig står du ansigt til ansigt med alt det, du har gemt væk. Det er ikke tilfældigt. Vi bliver tiltrukket af dem, der på en eller anden måde spejler vores egne uforløste sider. De personer, du falder for, er måske ikke perfekte, og det er heller ikke meningen, at de skal være det. I stedet fungerer de som en slags katalysator, der får dine skyggesider frem i lyset. På den måde bliver vi udfordret til at se og arbejde med disse sider af vores indre liv.

Denne proces kan være smertefuld og skræmmende men også dybt transformerende. Ved at forelske os i en person, der får vores skyggesider frem i lyset, får vi mulighed for at arbejde med dem, forstå dem og i sidste ende måske acceptere dem som en del af os selv. Derfor kan en forelskelse være en mulighed for selvindsigt og personlig udvikling. Så længe vi stadig har noget at lære og ikke har accepteret vores skyggesider, vil vi føle romantisk tiltrækning til de "forkerte".

16. Modsætninger

Nu skal vi åbne op for en blandet landhandel af fascinerende emner - modsætninger, perfektionisme, sensitivitet, musiksmag og madpræferencer. I virkeligheden er det mere en godtepose, end det er en landhandel. Lad os komme i gang i en fart!

Det meste af mit liv har været en vild rutsjebanetur mellem at føle mig som en overvældende orkan og en næsten usynlig myg. Alt sammen pakket ind i en menneskelig burrito. Det er en besynderlig cocktail, kan jeg love dig for. Jeg følte mig især som for lidt, når andre diskuterede emner, jeg var ligeglad med og ikke havde nogen holdning til. Derfor følte jeg ikke, at jeg havde noget at byde ind med. I store forsamlinger var jeg den, der forsvandt i baggrunden som en ninja i en sort dragt, og jeg havde det bedst med at holde mig til min egen lille boble, især når jeg vidste, at folk ikke ville forstå mig alligevel. Men så var der den anden side af mig - den flamboyante påfugl. Jeg var tit overdressed i forhold til situationen, og mit tøj skreg efter opmærksomhed som en discokugle til en begravelse. Det var ikke fordi, jeg ville have alles blikke på mig, men fordi jeg syntes, det var pænt, og fordi jeg syntes, at grå og sort beklædning var som viskelæder for sjælen. Jeg havde en besættelse af, at alt skulle matche perfekt. Faktisk fik jeg samme tics, som når man hører et stykke kridt kradse på tavlen, hvis mit tøj ikke passede fuldstændig sammen. Selvom jeg ikke længere var perfektionistisk med skolearbejde, var perfektionisme mit mellemnavn, når det gjaldt ting, jeg virkelig havde interesse for. Mine største interesser på det tidspunkt var træning, sundhed, psykologi, filosofi, musik, tøj og skønhed.

Perfektionisme

Perfektionisme er tit en følgesvend, når du er godt begavet. Du sætter tårnhøje standarder for dig selv og jagter det absolut bedste, som en besat skattejæger, der ikke kan lade være med at finde fejl i skattekortet. Den evige stræben efter perfektion betyder, at du ofte ender som din egen værste kritiker, konstant revurderende og analyserende i alt, hvad du gør. Perfektionisme kan også føre til en frygt for at lave fejl. Du kan være bange for at fejle, fordi du føler, at det ikke lever op til dine høje standarder eller omverdenens forventninger. Som højtbegavet perfektionist kan du opleve høje niveauer af stress og angst. Din frygt for ikke at leve op til egne standarder kan føre til konstant bekymring og selvkritik. Hvis du er perfektionist, har du svært ved at føle dig tilfreds med dine præstationer, fordi du altid føler, at du kunne have gjort det bedre. Det er svært at være perfektionistisk omkring alt i livet, så som begavet er du ofte selektiv med, hvilke områder du ønsker at gøre det exceptionelt godt i.

Der er en stor gevinst i at lære at acceptere, at det er okay at fejle. At lære at acceptere fejl kan hjælpe med at reducere frygten for at fejle og fremme personlig vækst. Fejl er ikke noget tegn på din uduelighed men i stedet en naturlig del af at lære og vokse. Det er en god idé at prøve at se fejl som en mulighed for at lære i stedet for at fokusere på dem som et tegn på personlig fiasko. Derudover kan du øve dig i at lade tingene være "godt nok" i stedet for at stræbe efter perfektion. Dette kan være svært i starten, men med tiden vil du opdage, at de fleste opgaver ikke kræver perfektion. Noget andet der virker godt på den perfektionistiske tankegang, er selvkærlighed og på at øve dig i selvmedfølelse: Lær at behandle dig selv med samme venlighed og forståelse, som du ville vise en ven eller dit barn. Vær bevidst om dine tanker og undgå at være alt for hård mod dig selv, når tingene ikke går som planlagt.

Sensitivitet

De bedst begavede kan tit være som følelsesmæssige antenner, der opfanger de mindste signaler i deres omgivelser. Hvis du er en af dem, bemærker du små detaljer, som de fleste andre overser, og dit skarpe intellekt fungerer som en radar for de små nuancer i livet. Dette gør dig ofte til modtager af en overflod af stimuli og information. Det er ikke utænkeligt, at du oplever følelser meget intenst. Du kan have dybe følelsesmæssige reaktioner på begivenheder og situationer, hvilket kan gøre dig mere følsom over for både positive og negative oplevelser. Perfektionisme, som er almindelig blandt højtbegavede, kan også bidrage til øget følsomhed. Du kan være meget kritisk over for dig selv og andre, hvilket kan føre til en øget følelse af stress og følsomhed over for kritik. Du har også en ekstraordinær evne til empati, som gør, at du lettere kan forstå og mærke andres følelser. Det kan gøre dig mere påvirket af andres følelsesmæssige tilstande. Hvis du er velbegavet og sensitiv, kan du komme til at tro, at det er andres følelser, du mærker, selvom en anden persons tavshed eller reaktion i virkeligheden ikke har noget med dig at gøre. På grund af din øgede opmærksomhed og følsomhed over for detaljer kan du også blive lettere overstimuleret i miljøer med meget sensorisk input, såsom støj, lys eller menneskemængder.

Sensitivitet som superkraft

Hvis du som højtbegavet oplever, at din sensitivitet er som en ekstra sans, der fanger alt – både det gode, det dårlige og det virkelig irriterende – er der heldigvis måder at håndtere det på! Start med at se din sensitivitet som en styrke: Den gør dig opmærksom på detaljer, som andre overser, og giver dig en dybere forståelse af verden omkring dig. Men for at undgå at blive overvældet, kan du øve dig i at skabe små "beskyttelseszoner" i hverdagen.

Find ud af, hvad der dræner dig, og hvad der giver dig energi, og tilpas din dag derefter. Øv dig i teknikker som mindfulness eller meditation for at finde ro, når verden bliver for intens. Giv dig selv lov til at sige nej til ting, der føles for meget, og vær ikke bange for at trække stikket og tage tid for dig selv. Husk, at det er okay at være sensitiv – det betyder bare, at du oplever verden på en dybere måde end de fleste. Brug det som en superkraft, men husk også at beskytte din egen energi!

At binde sig til andre

Personligt har jeg haft en konstant kamp med at forstå mig selv og min egen sensitivitet. På nogle områder følte jeg mig som en åben nerve, hvor ting og hændelser kunne røre mig dybt. Det var ret ofte, at der var et eller andet, jeg lod mig gå på af i forholdet til andre mennesker. Jeg brugte lang tid på at spekulere på, hvorfor folk sagde, som de sagde, og jeg blev meget påvirket af andres sindsstemninger. Jeg kunne straks komme til at tro, at der var noget i vejen, eller jeg havde gjort noget galt, hvis der var den mindste ændring i den måde, de opførte sig overfor mig på. Jeg har heller aldrig kunnet se gyserfilm, og nyheder eller programmer om folk der bliver dræbt eller kommer til skade, skal jeg heller ikke bede om noget af. På andre områder følte jeg mig nogle gange som en følelsesløs robot, når det kom til at knytte mig til andre. Jeg havde svært ved at binde mig følelsesmæssigt, og jeg fik sjældent følelser for folk lige så hurtigt som andre mennesker gjorde. Jeg lod mig heller ikke særlig ofte gå på af ting eller emner, som andre lod sig gå på af eller bekymrede sig over, fordi jeg syntes, de var ubetydelige.

Som en af de bedst begavede kan det godt være lidt tricky at binde sig til andre mennesker – det føles nogle gange som at spille et brætspil uden at kende reglerne. De sociale normer og underforståede blikke, som alle andre tilsyneladende har styr på, kan virke som mystiske koder, der kun fører til misforståelser og en følelse af at være en outsider. Dine interesser og tanke-gange er måske heller ikke lige mainstream – mens andre diskuterer week-endens fodboldkamp, grubler du måske over kvantemekanik eller skriver poesi, og det kan gøre det svært at finde nogen på din frekvens. Derudover kan din evne til at overanalysere og vende hver sten i din mentale have gøre det lidt bøvlet at få tætte venskaber til at gro. Du bruger måske timevis på at spekulere over, hvad hvert lille signal og mikro-udtryk kan betyde, hvilket gør det svært at lade dig rive med og knytte følelsesmæssige bånd. Og lad os ikke glemme, at dine følelser ofte kommer i stereo – du føler alt lidt mere intenst, som om verden er sat på høj volumen. Det gør til tider relationer til en kompliceret dans, hvor både du og andre kan føle jer lidt overvældede.

Hvis du gerne vil blive bedre til at binde dig til andre, så kommer her lidt råd, som jeg selv har fundet gavnlige:

~ Prøv at se samtaler som en mulighed for at lære og opdage noget nyt – ikke som en test i sociale normer. Det kan også hjælpe at fokusere på fælles interesser, selvom de kan virke små, og at acceptere, at forskelligheder er okay og kan berige et forhold.
~ Forsøg at give slip på behovet for at analysere hver eneste detalje og lad dig selv være til stede i øjeblikket.
~ Øv dig i at dele lidt mere af dig selv, end du normalt ville – det kan skabe grobund for mere ærlige og dybe forbindelser.
~ Til sidst skal du være tålmodig med dig selv; tætte relationer tager tid og kræver, at du tør vise din sårbarhed, selv når det føles uvant eller svært.

Empati

Sammen med min hypersensitivitet kom min empati – en forvirrende følgesvend. Hvis du er velbegavet, er der stor sandsynlighed for, at du har en veludviklet empati. Her kan udfordringen være, at du kan ende med at miste dig selv i andres følelseskaos. Du er så optaget af at spille på de andres banehalvdel, at dine egne følelser først sniger sig ind, når du endelig har lidt tid alene. Og så starter den store detektivjagt: Hvad pokker er det egentlig, jeg selv føler? Du ender med at analysere dine følelser, som var de et matematikproblem.

Høj begavelse og empati går ofte hånd i hånd – som en superkraft, der både giver skarpe tanker og dybe følelser. Mange højtbegavede mennesker har en bemærkelsesværdig evne til at forstå, hvad andre tænker og føler, som om de har en indbygget radar for andres følelser. De kan læse mellem linjerne, opfange de subtile signaler i en samtale, og ofte fornemme stemningen i et rum på et øjeblik. Denne empati kan gøre dem utroligt gode til at støtte andre og være lyttende og forstående, men det kan også være en udfordring. Når du er højtbegavet og hyperempatisk, kan du blive overvældet af andres følelser – som om du suger det hele til dig som en følelsesmæssig svamp. Det kræver en balancegang at være både knivskarp og superfølsom, men når den balance findes, bliver kombinationen en unik gave, der kan skabe dybe forbindelser og en særlig forståelse for, hvad det vil sige at være menneske.

Andre gange kan de bedst begavede virke mindre empatiske. Ofte har de så mange tankeprocesser kørende, at følelserne får lidt mindre sendetid, og de kan komme til at virke følelsesmæssigt fraværende. Med deres skarpe blik for logik og rationel tænkning kan de have svært ved at forstå, hvorfor folk bliver så rørte over småting. Samtidig føler de ofte, at deres tankegang er helt anderledes end andres, hvilket kan få dem til at føle sig som Sherlock Holmes til en romantisk komedie: De forstår simpelthen ikke helt, hvorfor alle griner eller græder, og det kan skabe små kiksede øjeblikke af afstand og misforståelse i sociale sammenhænge.

Nogle gange følte jeg, at jeg havde en overflod af empati, mens den andre gange var totalt fraværende. Når folk omkring mig fik ondt af nogen, der jamrede over småting, syntes jeg ofte, de opførte sig som drama queens. Jeg kunne simpelthen ikke sætte mig i deres sted og følte, de overdrev. Det skammede jeg mig lidt over. Men så var der andre tidspunkter, hvor min empati gik amok. Hvis jeg hørte en hjerteskærende historie, kunne jeg ikke lade være med at forestille mig, hvordan de involverede måtte have følt. Jeg levede mig så meget ind i det, at jeg gennemgik hele episoden flere gange og mærkede deres smerte, som om det var min egen. Hvis jeg læste om nogen, der tragisk havde mistet en ægtefælle eller et familiemedlem, fik jeg et kæmpe sug i maven. Jeg kunne ikke lade være med at tænke på, hvor frygteligt det måtte være, og jeg bar på den sorg i flere dage. Og hører jeg om børn, der er syge eller kommet til skade, får jeg lyst til at skrige og lægge mig i fosterstilling. Jeg kan slet ikke håndtere det. Det føles så uretfærdigt. Min stærke retfærdighedssans har jeg måttet kæmpe med gennem årene – den har ofte været lidt for veludviklet. Det samme gælder min kritiske sans, som nogle gange har gjort livet mere besværligt og irriterende for mig selv. Medmindre jeg altså ikke lige var for godtroende og faldt i den modsatte grøft.

Musik

Min musiksmag har også altid været et mystisk eventyr langt fra gennemsnittet. Jeg har ofte spekuleret på, om der er en sammenhæng mellem IQ og musiksmag. Mens mine venner lyttede til hits og radioklassikere, der føltes som uendelige gentagelser af de samme to toner, fandt jeg mig selv tiltrukket af noget helt andet. Musikken, de andre hørte, syntes jeg enten lød som en dårligt stemt kat eller som en flad, farveløs suppe af kedelig og ligegyldig lyd. Min egen musik var en symfoni af harmonier og toner, der skiftede som en forrygende regnbue eller en yndefuld ballet. Sådan hørte jeg det i det mindste. Monotone melodier, hvor det er de samme to toner hele vejen, irriterede mine ører som en myg, der konstant summer om kap med min tålmodighed. Enten var min musiksmag for vild til andre, eller også klagede de over, at jeg spillede "dødbidermusik" til fest. Det var næsten ubegribeligt, at vi kunne høre det samme så forskelligt.

Jeg har altid været fascineret af musik, sunget en del og skrevet mine egne sange. Jeg har lyttet til utallige sange, men som regel kun nogle få sekunder af hver, før jeg afgjorde, om de var noget for mig. Jeg har været utrolig kræsen med musik; ud af millioner af sange er der kun få, jeg kan lide. Jeg er alsidig i smag og kan lide alle genrer, så længe sangen er god. Men der er meget lidt musik, jeg faktisk kan holde ud at lytte til. Normalt laver hver kunstner kun en eller to sange, jeg kan lide, så koncerter er spild af tid for mig. Det meste af det, der spilles på mainstream radiostationer, lyder forfærdeligt i mine ører, og jeg skifter konstant station i bilen. Jeg forstår ikke, hvordan mange af de populære sange overhovedet bliver populære. Er det hele bare subjektiv smag, eller handler det om, hvorvidt man har interesse for musik og træner sine ører? Har begavelse måske også noget at sige?

Det kom ikke som en overraskelse, da jeg fandt ud af, at der er en del der tyder på, at høj begavelse og en mere kompleks musiksmag ofte hænger sammen. Højtbegavede individer har en evne til at forstå komplekse strukturer og mønstre, hvilket tiltrækker dem til musik med komplekse harmonier, rytmer og strukturer. De kan også lide musik, der udfordrer dem intellektuelt og emotionelt. Folk med høj intelligens foretrækker ofte ikke-kommerciel musik og sjældent mainstream-pop. De bedst begavede har generelt en mere åben personlighed, hvilket gør dem tilbøjelige til at udforske og værdsætte en bred vifte af musikgenrer. Deres veludviklede kritiske sans gør dem kræsne i forhold til mange ting. Så hvis du er blandt de bedst begavede med en kærlighed til musik, er det logisk, at du har en vis kræsenhed der også.

Madpræferencer

Hvis de bedst begavedes musiksmag ofte stikker ud fra flertallets, hvordan står det så egentlig til på madfronten?

Som godt begavet kan du have nogle ret interessante madpræferencer, der ofte afspejler din nysgerrighed og smag for det usædvanlige. For dig kan mad være mere end bare føde; det kan være en oplevelse, et eventyr eller en udfordring. Mens nogle højtbegavede måske går helt i dybden med at udforske verdens mest eksotiske køkkener, og altid søger den mest komplekse opskrift på gourmet-is, kan andre have meget simple madpræferencer og foretrække den samme, velkendte ret hver dag – måske fordi det frigiver mental kapacitet til at tænke over vigtigere ting.

De kan være notorisk kræsne, ikke fordi de er snobbede, men fordi deres smagsløg måske er lige så fintunede som deres hjerner. Men de kan også være utrolig åbne for at prøve alt fra fermenterede specialiteter til de nyeste molekylære gastronomi-eksperimenter, simpelthen fordi det pirrer deres intellekt og nysgerrighed. Så når det kommer til madpræferencer, er de bedst begavede lige så mangfoldige og uforudsigelige som deres tanker – nogle gange vil de have et simpelt æble, og andre gange skal det være en æbletrifli med karameliserede hasselnødder og timianis!

Ligesom madpræferencerne er der ikke noget, der er sort/hvidt når det kommer til de begavede. De kan være de mest nysgerrige og eventyrlystne personer, der kaster sig ud i alle mulige eksotiske projekter, men samtidig kan de nægte at prøve nye ting som en ny tandpastasmag. Deres mesterhjerner kan muligvis mestre tre sprog og hurtigt fange subtiliteter i kultur og sprogbrug, men forstår muligvis ikke, hvorfor man ikke bare kan spise dessert først – eller hvorfor det ikke er socialt acceptabelt at gøre det til en livsstil. I det hele taget er høj begavelse fuld af herlige modsætninger - en balancegang mellem genialitet og en lille smule kaos.

Hvem er du?

Jeg har altid selv været en kompleks mosaik af modsætninger, aldrig fastlåst i nogen bestemt musikgenre, madretning eller personlighedstype. Jeg er en symfoni af facetter og et evigt skiftende mix af for vild og for kedelig, for følsom og for ufølsom, for meget og for lidt, for empatisk og for uempatisk, for sød og for bitchy, for klog og for dum. Måske er det derfor, det har taget mig så lang tid at lære mig selv og mine grænser at kende. På den anden side føler jeg, at jeg altid har haft en rigtig stor selvindsigt. Jeg har mange lag, og der er sjældent noget endegyldigt ved min selvbeskrivelse. Jeg har altid været bange for at fremstå hyklerisk og har gjort meget ud af, at der skulle være overensstemmelse mellem, hvad jeg gjorde og sagde. Faktisk har jeg gjort så meget ud af det, at jeg næsten ikke turde beskrive mig selv. Hvad hvis folk så mig gøre noget modsatte af, hvad jeg engang havde sagt?

Jeg tilhører ingen særlig gruppe og passer ikke ind i nogen færdig forening eller trosretning. Jeg undrer mig vildt over, hvordan andre kan passe så godt ind og føle, at de virkelig hører til. Går de på kompromis med sig selv, eller er de virkelig som de andre? Og hvorfor tror de så meget på en sag, at de vil ofre så meget for den? Et par gange i livet har jeg næsten ønsket, at jeg kunne tro på en bestemt ideologi, sag eller religion – bare for at passe ind eller føle et sammenhold. Men det er ikke muligt for mig. Jeg vil skulle overhøre mig selv fuldstændigt. Sommetider har jeg også ønsket, at jeg kunne passe ind ved at interessere mig for de samme TV-programmer, nyheder eller andres liv på sociale medier. Så kunne jeg være med i snakken om *Vild med dans* eller *Instagram*-opslag.

På grund af alt dette har jeg altid hadet spørgsmålet "Hvem er du så?" Hvordan skal jeg kunne svare på det? Jeg har fået det spørgsmål på dates og til jobsamtaler, og mit svar har altid været noget i retning af: "ØØØhhh.. Jeg hedder Lise.. Hmmm.. Jeg er x antal år.. Øhhmm.. Hvad vil du gerne høre om?" Vildt beskrivende, ikke? Jeg forestiller mig, at folk har tænkt, at jeg nok ikke havde noget at byde på. Jeg har aldrig følt, at jeg har kunnet fortælle nogen, hvem jeg var, og det har generet mig. Sagen er, at jeg føler mig som en god blanding af alt og ingenting. Og jeg synes næsten, det er umuligt at beskrive mig selv. Men det kan jeg jo ikke bare sige til folk. Så tænker de bare, at jeg ikke aner, hvem jeg selv er, eller at jeg tager stoffer eller sådan noget. Hvis jeg forsøger at definere mig med et ord eller et karaktertræk, føles det aldrig rigtigt, fordi jeg også har det modsatte karaktertræk. Jeg er både en storm og en stille brise, en farverig eksplosion og en monokrom skygge. Jeg er alt og intet på samme tid, og det er både min svaghed og min styrke.

17. Selvværd

Vi kommer ikke udenom selvværd, hvis vi vil have det godt i livet! Så hent en kop kaffe, gør dig det behageligt i sofaen, og gør dig klar til at dykke ned i et af de mest afgørende emner for vores livsglæde.

Jeg kan ikke rigtig svare på, om jeg selv havde godt eller dårligt selvværd i mine yngre dage. Det var nemlig lidt af begge dele. På den ene side havde jeg en urokkelig tro på mig selv, men på den anden side var mit selvværd og min selvtillid ofte i bund, fordi jeg følte mig utilstrækkelig og anderledes - især fordi jeg ikke rigtigt havde tætte relationer, og jeg følte, at ingen forstod mig. Mit selvværd kunne svinge vildt meget – nærmest fra minut til minut. I mit andet nedbrydende forhold var selvværdet helt nede og skrabe bunden, og jeg oplevede kun små glimt af noget, der mindede om selvtillid. Det lyder måske kaotisk, men det at acceptere, at det er sådan, jeg er, har givet mig en følelse af frihed.

Jeg har arbejdet meget på mit selvværd og min selvkærlighed, og jeg har lært, at det at elske sig selv er den bedste forudsætning for et godt og til-fredsstillende liv. Årsagen til mit svingende selvværd tidligere var, at jeg lod mig påvirke for meget af, hvad andre mente, og fordi jeg stak så meget ud. Selvom jeg har været selvstændig og gået min egen vej, har jeg stadig haft svært ved helt at tro på mig selv, når andre hele tiden gjorde det klart, at jeg var anderledes eller måske endda forkert.

Selvværd som børn og ældre

Som børn har vi alle masser af selvværd og selvtillid. Vi lader os ikke slå ud af noget og giver ikke op, hvis vi ikke lykkes med det samme. Har du nogensinde set et barn, der giver op på at lære at gå, fordi det væltede? Nej, det sætter sig ikke bare ned og beslutter sig for aldrig at prøve igen. De rejser sig og prøver på ny, ufortrødent. Nu tænker du måske, at det er fordi børn ikke er så kloge som os voksne og ikke har mange erfaringer at trække på. Og det er rigtigt. Men efterhånden som vi vokser op og bliver klogere, burde vi også bruge vores erfaringer til at skabe os et bedre liv. Vi burde blive klogere af vores erfaringer og bruge dem til vores fordel i stedet for at lade dem ødelægge os. Tit sker det modsatte, og vi bliver mere gnavne, deprimerede og stædige. Vi glemmer vores sande natur, fordi den bliver overdøvet af alverdens støj og historier. Børn har ikke glemt deres sande natur, og vi kan lære meget af at observere dem.

Når vi bliver ældre, får de fleste dårligere selvtillid. For de bedst begavede starter selvtilliden ofte højt, fordi de har nemmere ved mange ting. Men med alderen kommer dårlige erfaringer og negative fortællinger om os selv, og så begynder det at gå ned ad bakke. Vi mennesker er eksperter i at huske negative ting frem for positive, og vi bider hurtigere fast i kritik end komplimenter. Pludselig kan vores selvtillid falde til under middel, fordi vi føler os akavede og anderledes uden helt at forstå hvorfor. Mange højtbegavede finder først meget senere ud af, at deres "problem" faktisk var deres begavelse. Når vi føler os sære og udenfor, begynder vi at tvivle på os selv. Hvis vi først får en følelse af ikke at være gode nok, kan det blive en vane at jagte den følelse, og den bliver selvforstærkende. Vi kan nærmest blive afhængige af at tænke negativt om sig selv, og det bliver en dårlig vane, der er svær at bryde. Sådan havde jeg det i mange år. At komme ud af de dårlige tanker om mig selv var som at prøve at samle et IKEA-møbel uden manual – frustrerende, men med en vis tilfredsstillelse, da det endelig lykkedes. Hver gang vi gennemlever negative oplevelser, øges følelsen af utilstrækkelighed. Det bliver en ond spiral, der er svær at komme ud af. Heldigvis kan selvtillid og selvværd trænes. Det er faktisk som en muskel, man kan gøre større og stærkere ved at pumpe jern.

Imposter

Du har garanteret hørt om det der *impostersyndrom* før? Hvis du er godt begavet, er det i hvert fald ikke unormalt at lide af det. Impostersyndromet hænger ofte sammen med dårligt selvværd. Det er en psykologisk tilstand, hvor personer føler sig som bedragere på trods af deres succes og præstationer. De tror, at de ikke fortjener deres succes og frygter konstant at blive afsløret som uduelige. Denne følelse er tæt forbundet med lavt selvværd og selvtillid, da personer med impostersyndrom har svært ved at internalisere deres præstationer og ofte tilskriver deres succes til held eller eksterne faktorer snarere end deres egen kompetence.

Høj IQ og impostersyndrom kan ofte være forbundet, da personer med høj intelligens og store evner ikke nødvendigvis føler, at deres præstationer er ægte eller fortjente. De kan have tendens til at undervurdere sig selv, da de er bevidste om deres egne begrænsninger. Her er nogle måder, hvorpå begavelse kan relateres til impostersyndrom:

Høje forventninger og perfektionisme

Som godt begavet har du ofte tårnhøje forventninger til dig selv, og du kan være temmelig perfektionistisk. Når du ikke lever op til dine egne, ofte urealistiske, standarder, kan du føle dig som en bedrager, uanset hvor succesfuld du er.

Overvurdering af andre

Du kan have en tendens til at overvurdere andres evner og undervurdere dine egne, hvilket forstærker følelsen af, at du ikke er god nok. Dette kan føre til en konstant følelse af at være mindre kompetent end dine jævnaldrende, selv når objektive resultater viser det modsatte.

Selvkritik og analyse

Dine analytiske evner kan få dig til at overanalysere dine præstationer og finde fejl, som andre måske ikke engang bemærker. Denne selvkritik kan forstærke følelsen af ikke at være kvalificeret eller dygtig nok.

Manglende anerkendelse af egen succes

Som velbegavet kan du have svært ved at anerkende dine egne succeser og tilskrive dem til held, tilfældigheder eller andres hjælp. Du føler måske, at du ikke fortjener anerkendelse og frygter at blive afsløret som bedrager.

Følelse af isolation

Som nævnt flere gange tidligere kan de bedst begavede personer føle sig isolerede eller anderledes, hvilket kan forstærke følelsen af impostersyndrom. Du kan føle, at din succes ikke er ægte, fordi du ikke passer ind i det traditionelle billede af succes.

Eksempler og virkelighed

Selv når du opnår imponerende resultater, kan du stadig føle, at du bedrager andre, fordi dit interne billede af succes ikke matcher virkeligheden. Dette kan føre til en konstant cyklus af usikkerhed og selvtvivl.

Øget selvværd kan løse imposterproblemet. Hvis vi føler at vi er værdige til et godt liv og til enhver succes, der kommer i vores retning, så er der heller ikke særlig stor sandsynlighed for, at vi vil forsøge at skubbe succesfølelsen fra os igen ved at betvivle vores værd og evner.

Vær god ved dig selv!

En af de vigtigste ting, du kan gøre for at styrke dit selvværd – og som jeg selv har haft stor succes med – er at behandle dig selv pænt og tale pænt til dig selv. Som godt begavet har du en tendens til at være hård ved dig selv og finde fejl og mangler. Det kan du hurtigt komme til at dunke dig selv oven i hovedet med, men det må du simpelthen ikke gøre! Stop med at tænke og tale grimt om dig selv – ikke engang for sjov. Hjernen opfatter det nemlig som fakta, når du konstant serverer negativ selvsnak for den. Det er i bund og grund en form for hjernevask, hvor negative historier om os selv ender med at blive til sandheden. Det, vi fortæller os selv mange gange, bliver til vores virkelighed. Det er vigtigt at blive bevidst om denne tendens og stoppe den negative selvsnak. Problemet er, at det kan være svært, hvis vi har virkelig dårligt selvværd eller selvtillid. Men det fede ved hjernevask er, at det kan gå begge veje. Første skridt er at blive opmærksom på de negative tanker, og næste skridt er at erstatte det med noget positivt. Når du tager dig selv i at tænke eller tale negativt om dig selv, skal du stoppe tanken hurtigst muligt og erstatte den med en positiv tanke som: "Jeg er nok." Den tanke fungerer godt, fordi den er universelt sand og ikke kræver nogen beviser. Vi er alle nok til at fortjene kærlighed. Vi er født nok. Du kan også erstatte tanken med andre positive tanker om dig selv som *"Jeg er værdifuld"*, eller *"Jeg fortjener det bedste"*.

Hjernen kan i virkeligheden ikke skelne mellem om det, vi fortæller den, er sandt eller falsk. Det, vi fortæller den mange gange, bliver til sandheden. Hvis vi konstant fortæller os selv, at vi ikke er gode nok, seje nok eller smukke nok, vil vi tro på det. På samme måde vil vi tro på det, hvis vi fortæller os selv, at vi er nok, og at vi fortjener kærlighed og selvomsorg.

Det med at *"være nok"* er ret interessant. Hvis vi ikke føler, at vi er nok, vil vi føle os i mangel. Når vi føler os i mangel, har vi en tendens til at søge mere af alting for at dække denne følelse. Måske kommer vi til at spise for meget eller shoppe for meget – blot fordi vi ikke føler os nok. Men det er et sort hul, der er umuligt at udfylde på den måde. Det betyder ikke, at vi aldrig kommer til at spise for meget, selvom vi føler os nok, men følelsen af at være nok mindsker tendensen til afhængigheder og overspringshandlinger. Er det ikke vildt?

Positive bekræftelser er altså ikke at kimse ad. Når du med stor overbevisning siger noget gentagne gange, skaber det en tro i underbevidstheden på, at det er sandt. For de fleste af os virker det ikke særlig effektivt at komme med positive erklæringer, som vi overhovedet ikke tror på. Du kan eventuelt skrive et par beviser ned til din bekræftelse, som du kan hive frem, når du har brug for det.

Flere gode råd

En anden måde jeg finder virkelig nyttig, er at opføre mig sådan overfor mig selv, som jeg ville opføre mig overfor mit barn. Når du er godt begavet, vil du som sagt nemt have tendens til at være kritisk overfor dig selv. Du kan være perfektionistisk og nemt komme til at dunke dig oven i hovedet med dine fejl. Men det er de færreste, der vil nedgøre deres børn eller udskamme dem, blot fordi de begår en lille fejl. Det er også de færreste, der vil finde på at kalde deres børn for *"grim", "tyk"* eller *"dum"*. Hvis du behandler dig selv, som du vil behandle dit barn, kommer du i de fleste tilfælde til at behandle dig selv som én, du vil hjælpe og ikke som én, du forsøger at spænde ben for. Hvis ikke du har børn, kan du prøve at tænke tilbage på dengang, du selv var et barn. Får du ikke lyst til at hjælpe og støtte dig selv som barn? Sådan skal du også se, om du kan føle for dig selv som voksen. Selvom du er voksen, har du stadig brug for din egen støtte og overbærenhed.

Hvis dit selvværd og din selvtillid ikke er på sit højeste, så kommer her lidt konkrete idéer til, hvordan du kan forbedre det:

Skriv en liste med alle de positive ting, du kan komme i tanke om ved dig selv. Inkluder alt fra dine bedste evner til de sjoveste minder, du har.

*Hvis du har meget svært ved at finde på noget, kan du skrive noget i stil med:
"Jeg fortjener kærlighed", eller "Jeg er nok". I bund og grund er alle nok. Vi er født
nok til at få kærlighed. Disse udsagn kan derfor være lettere for dig at identificere
dig med og komme på af dig selv.*

*Øv dig i at sige de ting til dig selv på daglig basis og gerne mange gange om
dagen.*

*Når negative tanker om dig selv dukker op, har du allerede nogle positive klar
til at erstatte dem med.*

18. Livsglæde

Hvordan får vi fat i noget af den der livsglæde? Ved at ramme jackpot i Lotto? Eller ved at jage de hurtige, kortvarige fornøjelser? Nope, ikke ifølge mig! Den ægte tilfredshed og livsglæde finder vi faktisk inde i os selv. Sammen med selvværd er selvkærlighed uundgåeligt, hvis det er lykken, vi vil finde. Og det er lige præcis, hvad dette kapitel handler om.

Efter syv år med arbejde på en sprogskole skiftede jeg til en ungdomsskole. Skiftet til det nye arbejde gav min livsglæde et kæmpe boost. Tiden fløj afsted, og der skete hele tiden noget nyt. Jeg blev udfordret fagligt, pædagogisk og personligt. Her var der energi, dynamik og masser af spændende udfordringer, som gjorde arbejdet meget mere levende og tilfredsstillende.

Tidligere i livet havde jeg en tendens til at hænge fast i dårlige forhold og jobs, fordi jeg troede, jeg bare skulle lære at trives med dem. Men hvis vores jobtilfredshed ikke bliver markant bedre af, at vi øger vores generelle tilfredshed med livet, så skal vi respektere os selv nok til at skifte tryggheden ved et fast job eller en kæreste ud med noget, der faktisk passer til os. Vi kan lære at trives i mange situationer, men vi skal give os selv de bedste betingelser. Så går alt lidt lettere. Først de seneste år er jeg blevet god til at lytte til mig selv, og det skyldes, at jeg var tvunget til at arbejde med mig selv efter nedbrydende forhold. Jeg har arbejdet på min selvkærlighed og at genskabe tillid til mig selv og andre. Når vi elsker os selv, ønsker vi det bedste for os selv og er villige til at sige farvel til det, der ikke gavner os, uanset hvor trygt det måtte føles. Tryghed kan faktisk være vores største fjende. Alt hænger sammen: Når vi trives på arbejdet, trives vi ofte bedre privat og omvendt. Det samme gør sig gældende i vores forhold, og vores relationer påvirker vores livsglæde. Hvis vi er i et dårligt forhold, kan det ikke undgå at påvirke vores mentale tilstand. Den vigtigste relation er dog den til os selv. Hvis vi ikke accepterer og elsker os selv, som vi er, bliver vi aldrig tilfredse med livet.

Selvudvikling

Her i livet havde jeg arbejdet intensivt med mig selv i flere år. Udover den fysiske træning, så jeg et hav af *YouTube*-videoer og pløjede mig igennem millioner af artikler og bøger om mental sundhed og selvkærlighed. Jeg havde ikke fornemmelsen af, at andre kunne hjælpe mig bedre end mig selv. Nogle vil måske mene, at det var det en arrogant tanke, men jeg var trods alt den eneste, der 100 procent forstod, hvorfor jeg var, som jeg var. Derfor mente jeg også, at jeg bedst kunne finde løsningerne til at få det bedre. Da jeg var i mit første nedbrydende forhold, besøgte jeg en psykolog. Han var god til at åbne op for min vrede, men jeg anede simpelthen ikke, hvad jeg skulle bruge den til. Det føltes mere som at få en ekstra hæmsko spændt fast til min følelsesmæssige rygsæk. Han var også god til at lytte og få mig til at tænke over mine handlinger. Men jeg reflekterede altid over mig selv, mine følelser og handlinger, så jeg følte, at jeg allerede vidste, hvorfor jeg gjorde, som jeg gjorde. Jeg havde brug for konkrete værktøjer til at komme videre, og dem fik jeg ikke. Selvom jeg ofte følte mig som det dummeste menneske, jeg kendte, var jeg også det klogeste. Og det var det klogeste menneske – altså mig selv – der kunne få mig ud af de dumme situationer, jeg havde sat mig i. Men der gik mange år, før jeg fandt ud af hvordan.

Selvkærlighed

Når vi nærer kærlighed for os selv, får vi lyst til at give os selv de bedste betingelser for at skabe det liv, vi drømmer om. Vi tager vores helbred seriøst og arbejder hen imod det bedste for os selv. Selvkærlighed er balancen mellem at acceptere os selv fuldt ud, præcis som vi er, og at arbejde hen mod noget bedre, fordi vi ved, vi fortjener det. Det er som at være sin egen cheerleader. Det er selvkærlighed at forbedre os selv og vores liv, fordi vi anerkender, at vi fortjener mere end et middelmådigt liv. Selvkærlighed er også betingelsesløs kærlighed til os selv – at elske os selv lige højt, uanset om vi taber os eller tager 20 kilo på. Vi accepterer og elsker os selv, ligegyldigt om vi laver nogle dumme ting eller siger og gør ting, vi bare slet ikke burde. Den betingelsesløse kærlighed, vi føler for os selv, bør svare til den, vi føler for vores børn eller andre elskede mennesker, uanset hvordan de ser ud, og hvor mange fejl de laver.

Selvom mange velbegavede er selvstændige tænkere og gode til at gå deres egne veje, er der ofte en tendens til at forsøge at please andre og ændre sig selv for at passe ind. Måske søger du accept og prøver at bevise dit værd, fordi du føler dig anderledes og isoleret. Måske tænker du, at andres behov er vigtigere end dine egne, fordi du er vant til at undertrykke dine. Eller måske elsker du ikke dig selv højt nok til at sætte dig selv øverst på prioriteringslisten. Denne tendens til at behage andre kan føre til selvopofrelse og resultere i, at vi negligerer vores egen personlige vækst. Men ved du hvad? Det er på tide at lægge den vane på hylden, hvis du vil forbedre dit liv. Find en balance mellem at bruge din intelligens til at løse verdens mysterier og bruge den til at forstå og pleje dig selv – for i sidste ende er du din egen vigtigste ressource. Hvis du ikke kan lide dig selv og ikke kan nyde dit eget selskab, bliver livet kedeligt, og du vil aldrig blive tilfreds med noget. Hvordan kan vi være tilfredse med livet, hvis vi ikke er tilfredse med os selv?

19. Positiv tænkning

Positiv tænkning er ikke kun for hippier og folk med lavere hjernekapacitet. Faktisk kan alle lære det, hvis de ønsker. Og det er en genial investering, hvis du spørger mig. Læs med og find ud af hvorfor og hvordan!

Jeg kom først ud af min elendighed, da jeg igen begyndte at tro på, at der trods alt også fandtes andre kloge mennesker, der lå inde med råd, jeg kunne bruge. Tidligere havde jeg troet, at jeg absolut skulle tænke mig frem til alting selv. Det lå mig fjernt at lede efter hjælp hos andre, og jeg tænkte ikke, at andre kunne have gode råd til min specifikke situation, medmindre de kendte mig ud og ind. Begavelse indebærer ofte en vis portion stædighed, og når du er vant til, at det tit er dig selv, der har ret, udelukker du ofte det der med at spørge andre. Først da jeg tænkte, at jeg jo ikke havde noget at tabe ved at forsøge at søge andres råd, begyndte jeg at søge på verdens førende terapeuters og forskeres råd om traumer, selvkærlighed, taknemmelighed og lykke. Og så fik jeg de manglende værktøjer til at få det godt. Det var altså stadig en form for gør det selv, men med åbenhed for at andre havde brugbare råd til, at jeg også kunne få det godt. Når vi har de rette værktøjer, der passer til vores personlighed og begavelse, er det nemt og ligetil at gøre arbejdet. Jeg var jo trods alt lærenem og hurtig til at sætte tingene sammen. For første gang i mange år formåede jeg at bruge min intelligens og logik konstruktivt. Mange år forinden havde jeg brugt min intelligens til at køre mig selv ned. Jeg havde forhindret mig selv i at have det godt, fordi jeg ikke følte, jeg fortjente det, og fordi jeg var bange. Jeg var bange for at tænke positive tanker, fordi min fortid viste mig, at der altid kom noget dårligt bagefter. Jeg følte, at det var mest sikkert at tænke negativt, så jeg ikke blev skuffet, når der aldrig skete noget godt alligevel. Jeg var vant til at have ret i mange ting helt fra barndommen, så når jeg tænkte, at der aldrig ville ske noget godt i mit liv, måtte jeg også have ret i det, ikke? Ideen om altid at have ret var vigtig for mig, og jeg kunne ikke slippe det. Jeg søgte konstant bekræftelse på, at dårlige ting altid skete for mig, og dermed var det det eneste, jeg fokuserede på. Jeg gav mig selv ret, og alt det negative blev til sandheden. Min kritiske sans blev større og større og begyndte at forringe min livskvalitet. Det var en ond spiral, jeg var fanget i, og den startede, da jeg gik ind i mit første giftige forhold. Når jeg tænker over det, var den nok også startet tidligere.

Heldigvis begyndte jeg som sagt at lytte til råd fra kloge hoveder verden over. Jeg fandt hjælp til at håndtere traumer, booste min selvkærlighed, praktisere taknemmelighed og finde lykke. Jeg indså, at jeg fortjente at have det godt, og begyndte at bruge min intelligens til noget konstruktivt. For første gang i mange år kunne jeg se lyset for enden af tunnelen.

Tungsind

Jeg havde ikke følt ægte glæde siden barndommen. Jeg bar altid på en vis tristhed, selvom jeg aldrig var decideret deprimeret. Jeg forklarede det med min veludviklede kritiske sans og evnen til at gennemskue ting og uhyrligheder, som andre ikke kunne se. Derudover følte jeg mig altid anderledes end flertallet, hvilket ofte gjorde mig ensom. Alle de glade mennesker måtte jo være dem, der ikke forstod så meget, ikke sandt? De havde ingen idé om, hvordan verden eller mange andre mennesker i virkeligheden var. Jeg følte, at mennesker tit behandlede hinanden dårligt, og jeg følte mig selv dårligt behandlet af mange. Det virkede, som om der var masser af forståelse og empati for de svagest stillede, men ingen forståelse for min måde at se verden på. Jeg blev aldrig rigtigt taget i forsvar, selvom jeg selv hurtigt tog andres parti, hvis de blev misforstået eller uretfærdigt behandlet. Min retfærdighedssans var generelt enorm, og det generede mig, når ting ikke var retfærdige.

Retfærdighed og begavelse

Du ser ofte en veludviklet retfærdighedssans blandt begavede. De bedst begavede er som skarpe detektiver, der dissekerer og analyserer komplekse situationer med kirurgisk præcision, og deres evne til at dykke dybt ned i retfærdighedens sump gør dem til moralske sværvægtere. De har også en høj grad af empati og følelsesmæssig sensitivitet, hvilket gør dem mere opmærksomme på uretfærdigheder og motiverede til at søge løsninger. Ifølge nogle psykologiske teorier, som Kohlbergs stadier af moraludvikling, kan højtbegavede personer nå højere niveauer af moralsk ræsonnering tidligere, hvilket gør dem mere opmærksomme på retfærdighedsspørgsmål. Både børn og voksne med høj IQ kan have utrolig svært ved at sige "*pyt*" og komme videre, når de oplever noget som uretfærdigt.

Individuelle værdier og moralske kompas påvirker, hvordan folk ser på retfærdighed. For eksempel kan to personer have helt forskellige opfattelser af, hvad der er en retfærdig fordeling af ressourcer. Retfærdighed opfattes også forskelligt af forskellige mennesker og kulturer. Hvad der anses for retfærdigt i én kultur, kan opfattes som uretfærdigt i en anden. Problemet med at være alt for retfærdighedsstyret er, at livet sjældent er retfærdigt. Du kan bruge uendelige kræfter på at bekæmpe uretfærdighed, men nogle gange er det som at skovle sne i en snestorm – en evig kamp, der aldrig helt vindes.

Da jeg skiftede arbejde, havde jeg sluppet den overdrevne kritiske sans, og jeg var blevet langt bedre til ikke at lade mig gå på af, hvis ting ikke var retfærdige. Det var muligt for mig, fordi jeg var nået dertil, hvor jeg ville mig selv det bedste, og det var ikke nødvendigvis at hænge fast i en masse ting, som jeg var utilfreds med. På det tidspunkt havde jeg arbejdet så meget med mig selv, at jeg også havde lært at acceptere og elske alle sider af mig selv, også selvom jeg tit var the odd one out. Det gjorde, at jeg blev forelsket i livet og dermed at jeg nu faktisk var en af de glade, der ikke lod mig gå på af ting, jeg alligevel ikke kunne gøre noget ved. Jeg var blevet en af dem, jeg tidligere ofte havde irriteret mig over. Sådan havde jeg ikke haft det, siden jeg var barn.

Da gik det op for mig at glæde og tilfredshed med livet ikke behøver at være et spørgsmål om intelligens. Uanset hvor intelligent du er eller ikke er, så kan du lære at fokusere på de ting, der styrker dig, og som der løfter dig op, fremfor at fokusere på noget, der gør det modsatte.

Hvis du er lidt af et geni, har du nok også en tendens til at falde i den melankolske fælde nu og da. De skarpeste hoveder er nemlig som dykkere i et dybt ocean af tanker og selvrefleksion, og når du svømmer rundt dernede, opdager du måske, at verden er fyldt med hajer af problemer og dine egne små fisk af utilstrækkelighed. Det er ikke så underligt, hvis det får dig til at føle lidt melankoli eller tristhed. Du oplever også følelser mere intenst, og denne følelsesmæssige dybde kan gøre melankoli eller depression til en tro følgesvend på livets vej. Begavelse indebærer også ofte høje standarder for dig selv og andre. Når virkeligheden ikke lever op til vores idealer, kan det skabe en cocktail af frustration og følelsesmæssig nedtrykthed. Det lyder måske lidt nederen, men der er også en lys side! Som begavet har du ofte lettere ved at finde brugbare værktøjer til at få et godt liv, hvis du er interesseret i det. Det kræver bare, at du bruger din intelligens og dybde til at fokusere på de positive ting og søge løsninger, der kan bringe glæde og tilfredshed.

Positiv psykologi

Vi kan næsten ikke tale om positiv tænkning og positiv psykologi uden at nævne Martin Seligman, som er ophavsmanden. Måske sidder du allerede og sukker nu og tænker: *"Åh nej, ikke det der falske pladder, som handler om at ignorere alle sine følelser og lade som om, alt er i den skønneste orden."* Men det er altså ikke det, der er meningen med teorien. Det handler ikke om at spille skuespil eller ignorere dig selv - det handler om at give dig selv lov til at prøve at være glad, i stedet for at forhindre dig i det. Det lyder måske sært. Hvorfor skulle vi dog forhindre os selv i at være glade? Faktum er bare, at det er vi rigtigt mange, der gør. Som godt begavet, kan du nemt komme til at føle dig så anderledes og sær, at du ikke tør være dig selv. Måske føler du hele tiden, at andre giver udtryk for, at du er forkert. Derfor holder du på dig selv, og du stopper med at udleve dit fulde potentiale. Du forhindrer måske dig selv i at sparke røv og i at være den, du kunne være, fordi det ikke passer ind i de andres billede af, hvad der er acceptabelt.

Alle mennesker har en grundstemning, der er enten pessimistisk eller optimistisk. Folk med en negativ indstilling er generelt mere skeptiske og kritiske og leder efter fejl. Måske kan du kende de kvaliteter fra dig selv? Det er i hvert fald typisk, at velbegavede helt automatisk har en mere udviklet kritisk sans og måske er mere perfektionistiske end gennemsnittet. Hvis du har en mere pessimistisk grundindstilling, må du træffe mere viljestærke valg for at komme videre derfra. Her er nogle ting, du kan gøre for at hive dig selv i den rigtige retning:

Led efter ting der har gjort dig glad før: Hvad har givet dig glæde gennem årenes løb? Hvis du tidligere har været vild med at synge i kor eller spille håndbold, vil du garanteret også godt kunne lide det nu.

Engagement: Ligesom du får energi ved motion og fysisk aktivitet, vil engagement i en hobby, forening eller frivilligt arbejde give dig energi og velvære.

Relationer: Giv dig selv lov til at knytte dig til andre. Kontakt nogle af dine gamle venner, som du har mistet eller forsøg at finde ligesindede via foreninger, grupper eller hobbyer.

Find noget der er meningsfyldt: Det er vidt forskelligt, hvad vi som mennesker finder mening i. Nogle er troende, nogle finder det meningsfyldt at gøre noget godt for andre og andre kan finde mening i at lære noget nyt eller tage en ny uddannelse. Det handler om at finde det, der bringer mening ind i tilværelsen for dig.

Præstationer: Langt de fleste vil kunne finde glæde, lys og selvtillid i at præstere noget. Sæt dig nogle mål og fuldfør dem. Det kan både være kort-sigtede eller langsigtede mål- store eller små.

Destruktive tanker

Det at tænke negative tanker er lidt en overlevelsesmekanisme, som men-nesket engang havde brug for. Forestil dig de helt gamle dage, hvor det var farligere at være i live end at springe i bungee jump. Dengang var det ganske enkelt nødvendigt at være pessimistisk eller tænke worst case scenario, hvis man gerne ville overleve. Og de allerbedste til at lure potentielle farer og tænke ti skridt frem for at redde sig selv, hvem tror du, det var? Korrekt - højst sandsynligt var det de bedst begavede. Heldigvis er det normalvis ikke så farligt længere at være i live. Det er sjældent, at vi befinder os i kritiske situationer, hvor vi reelt set har brug for negative eller pessimistiske tanker, men evolutionen har altså ikke kunnet ryste dem af os, og mennesket hænger generelt fortsat fast i negative tankemønstre og katastrofetanker. De samme der var bedst til at være velforberedte på enhver fare og tænke ti skridt frem og ti skridt tilbage i tiden dengang, er med al sandsynlighed også dem, der er bedst til det i dag. Det kan netop være en af årsagerne til, at høj begavelse ofte kan være forbundet med øget stress og angst.

I hvor høj grad kan vi så selv styre vores følelser og tanker den dag i dag? Det er svært at give et nøjagtigt svar på. Men i al fald ved vi, at det vi tænker og føler bestemmer kvaliteten af vores liv. Når vi tænker negative tanker, så trives vi dårligere, end når vi ikke gør. Det der styrer vores sindstilstand, er vores fokus, og det vi fokuserer på, er også ofte det, vi får. Når vi er negative og leder efter fejl ved ting og folk, så vil vi automatisk finde fejl og mangler. Det omvendte gør sig også gældende. Det kaldes for *bekræftelsesbias,* når vi leder efter beviser, der understøtter den holdning, vi i forvejen har. I mange år har jeg selv været slave af en negativ bekræftelsesbias og af negative tanker generelt. Jeg var overdrevet kritisk og perfektionistisk, og jeg blev besidder af sådan en slags overmoral, hvor intet var godt nok. Jeg følte ikke, jeg kunne bryde ud, eller at der var plads til den, jeg var. Jeg følte, jeg var fuldstændig forhindret i at udleve mit potentiale, og derfor blev min tankegang negativ og dyster. Det var de dårlige mænd, jeg fandt, der forhindrede mig i det. Det var samfundet og alle mennesker i det, der holdt mig fanget og tvang mig til at være en anden. Og værst af alt, så var det mig selv. Det var mine egne tanker, der forhindrede mig i at være mig selv, og min egen tankegang der forhindrede mig i at udleve mit potentiale og lade være med at spilde mit liv. Jeg havde lagt så meget låg på mig selv gennem mange år, at jeg ikke kunne mærke mig selv eller mine behov eller drømme.

Når nu vi forsøger at skabe det fedeste og det bedst tænkelige liv for os selv, er det afgørende at holde et vågent øje med de snubletråde, vi selv lægger ud – nemlig vores egne begrænsende tanker. Jo mere nysgerrige og bevidste vi er om dem, jo lettere bliver det at klippe dem over. Begrænsende tanker er som små indre sabotører, der holder os nede og stjæler vores lykke. Begrænsende tanker bliver til begrænsende adfærd. Hvis nu du tænker nedsættende om dig selv, og derved stopper dig selv i at udfolde dig eller gå efter dine drømme, så er det begrænsende for dit liv. Hvis du bruger tid og energi på at finde fejl ved andre for på den måde at få det bedre med dig selv, så vil det også være begrænsende adfærd. Måske holder du også fast i vrede og skuffelse som en gammel, slidt jakke, fordi du føler dig uretfærdigt behandlet. Et af kendetegnene ved høj IQ kan netop være den høje retfærdighedssans. Men her kommer en sandhed, der kan være svær at sluge: Livet er sjældent fair, og hvis du hænger alt for meget på retfærdighedens alter, kan det faktisk gøre livet tungere. Det kan i virkeligheden forhindre dig i at nyde livet. Når livet ikke er retfærdigt, giver det heller ikke så meget mening at fokusere alt for meget på at få det til at blive det. Heldigvis er der et kraftfuldt værktøj til at rydde op i disse udfordringer: Selvkærlighed. Når du virkelig elsker dig selv, ønsker du det bedste for dig selv, og det bliver meget lettere at lade de negative mønstre falde bort eller forvandle dem til noget, der løfter dig op.

Frihed

Hvordan slipper vi os selv fri? Det kan være svært at slippe gamle historier og overbevisninger om os selv, fordi vi føler, at vi mister en del af os selv og vores personlighed. Det kan være direkte angstprovokerende at give slip på vores tidligere jeg og på vores negative tankemønstre. Det kan føles som at kaste sig ud i det ukendte uden sikkerhedsnet, og det kan minde os om at dø. Det er nemlig, det allersidste vi gør, når vi forlader denne verden - at give slip på os selv og vores person. Jeg har selv været tæske angst for at give slip på mig selv og mine overbevisninger. Jeg følte mig bundet til de negative tanker, og jeg kom til at identificere mig med dem. Hvis jeg gav slip på de tanker og på mine egne og andres fortællinger om mig, hvem var jeg så? Så fik jeg vel endnu mindre personlighed, end jeg i forvejen følte, jeg havde? Hvis ikke jeg holdt fast i nogle af de negative tanker og historier om mig selv, så var jeg jo *ingenting*. Det er ofte nemmere at holde fast i det velkendte, selvom det begrænser os, og at fortælle os selv, at vi ikke kan ændre på vores tanker, selvværd, eller selvtillid. Men sandheden er, at vi kan – og selvom det kan føles som at miste fodfæstet et øjeblik, kan det også redde vores liv. At slippe de begrænsende tanker kan åbne døren til en frihed, vi måske ikke har følt siden barndommen, eller måske aldrig nogensinde før.

En sidste ting jeg vil nævne i forhold til vores begrænsende tanker er, at vi skal huske på, at de eneste vi kan ændre på, er os selv. Vi kan ikke ændre på andre mennesker eller deres tanker og holdninger til *Donald Trump, Islam* eller *Enhedslisten*. Derfor er det som regel også bare spildt arbejde at forsøge. Det er mest af alt begrænsende for os selv, når vi lader os gå uhensigtsmæssigt på af andre og deres meninger og holdninger, fordi de måske ikke passer til vores egne, og det er hårdt arbejde, hvis vi skal blive vrede og sårede over, at andre mennesker ikke opfører sig, som vi vil have dem til. Det er en bedre strategi at tage ansvaret for os selv og i stedet sørge for, at vi selv opfører os, som vi gerne vil. Når vi lader os påvirke af andres holdninger og meninger, bliver vi fanget i en selvpålagt trædemølle, hvor vi konstant kæmper mod noget, vi ikke kan kontrollere. Og jo hårdere vi kæmper, jo mere magt giver vi det over os. Det er selvsaboterende adfærd, og det er en form for slaveri, når vi lader andre diktere, hvordan vi skal føle indvendigt. Her kommer det fantastiske: Vores indre følelsesliv og tanker har vi i høj grad selv mulighed for at styre, hvis vi vil. Det er muligt for os at ændre vores negative tanker og følelser til positive ved at være opmærksomme på dem og sætte ind, når vi ryger af sporet. Vi kan lære os selv at se muligheder i stedet for begrænsninger. Hvis du er i tvivl om, hvorvidt du virkelig selv kan styre dine tanker og dermed følelser, kan du forsøge dig med denne øvelse:

Sæt dig et roligt sted og luk dine øjne. Fokusér på følgende følelser en ad gangen og koncentrér dig om at føle dem. Brug gerne et par minutter på at føle følelsen, inden du går videre til den næste: **Vrede, foragt, sorg, begejstring, angst, spænding, glæde.**

De fleste af os vil kunne genkalde disse følelser på kommando, når vi tænker på noget, der får dem frem. Derfor kan vi også konkludere, at vi kan være med til at styre dem på andre tidspunkter, når blot vi er opmærksomme. Vi kan være med til at ændre vores grundstemning. Det bliver nemmere, når vi får det gjort til en vane. Øvelse gør også mester i det her tilfælde, og du kan øve dig i at genkalde dig følelserne, hvis du synes, det er svært. Du kan dermed blive bedre til at regulere dine følelser og styre dine egne indre omstændigheder. Dermed er det muligt at vende negative tanker til positive.

Forelsk dig i din fremtid

Denne øvelse kan vi også bruge til at visualisere vores fremtid. Hvis vi kan forelske os i vores fremtid, så bliver livet for alvor sjovt, og vi får lyst til at gøre vores drømme til virkelighed. Hvis ikke du ved, hvad du drømmer om, skal du selvfølgelig lige have fundet ud af det først. Det kan faktisk være ganske svært, hvis nu du er vant til at holde på dig selv og lægge låg på dig selv. Når du så engang har fundet mod og fantasi til et mål eller en drøm, så prøv at sætte dig og luk øjnene, samtidig med at du forestiller dig, at alle de ting, du drømmer om, går i opfyldelse. Samtidig skal du sørge for at få følelsen af begejstring, spænding og glæde med. Det handler om at visualisere din fremtid på en måde, der får dig til at hoppe af glæde som en småkage i en brødrister. Når du visualiserer dig noget, virker det bedst, hvis du er meget omhyggelig, og at du samtidig med følelserne også prøver at se billeder og farver for dig. Hvis du drømmer om en spritny bil, så forestil dig, præcis hvordan den skal se ud, hvilken farve den har, den skinnende lak og hvordan det nye læderindtræk dufter. Den del af øvelsen er jeg selv umådeligt dårlig til. Jeg kan af en eller anden grund ikke se indre billeder for mig, og når jeg prøver at forestille mig noget, så kan jeg ikke huske, hvordan ting eller personer ser ud. Men i al fald er det sådan, at jo bedre du er til at visualisere dig de ting, og jo oftere du gør det, jo større chance er der for, at du får dem til at gå i opfyldelse. Hvis du også oplever problemer med øvelsen, kan du lave et vision board, hvor du finder en masse billeder af det, du drømmer, og klistrer dem på. Derefter kan du hænge det op på køleskabet eller et andet sted, hvor du ofte kommer hen, så du hele tiden bliver mindet om de ting, du gerne vil opnå. På den måde er der større chance for at lykkes.

At drømme stort eller sætte mål kan føles som at stå på en høj klippe og overveje et bungyjump – spændende, men skræmmende som bare pokker. Jeg har selv undgået den slags ambitioner, fordi jeg ikke gad risikere en maveplasker. Vi har det med at frygte fiasko så meget, at vi bygger en mur af perfektionisme omkring os, og til sidst er vi så beskyttede, at vi helt undlader at drømme. Smart? Måske. Men mest af alt virkelig dumt. Uden drømme og mål går livet på autopilot, og vi mister gnisten og stopper med at leve. Men pas på! Har du for mange drømme kørende på én gang, kan det også holde dig tilbage fra at udleve dit potentiale. Det er lidt som at stå i en isbutik og ikke kunne vælge mellem alle de lækre varianter - derfor ender du med slet ikke at få noget. I stedet for at gå tomhændet hjem kan det anbefales at lave en prioriteringsliste, hvor du rangerer dine drømme efter, hvor meget de faktisk betyder for dig. Hvis du stadig bliver distraheret af de andre drømme, så læg dem på køl i mellemtiden og fokuser på én is eller drøm ad gangen.

Positive tanker

Det er et faktum, at vi alle oplever tingene subjektivt, uanset hvilken situation vi er i. Det kan være i en familiesituation, til en koncert eller i vores velfærdssamfund. Vi ser simpelthen de samme ting forskelligt, fordi vi har forskellige tanker om dem. Vi kan være på en tropisk feriedestination med den sødeste Piña Colada i hånden og stadig være deprimerede, eller vi kan være blevet fyret og stadig være lykkeligere end Ole Henriksen. Vores tanker skaber vores virkelighed. Hvis vi ændrer vores tanker, ændrer vi vores opfattelse af os selv og livet. Hvis vi ændrer vores tanker, ændrer vi vores liv. Hvis vi er utilfredse med vores arbejdssituation eller en anden situation, har vi to muligheder: enten kan vi ændre situationen, eller vi kan ændre vores attitude og mindset. Vi kan selvfølgelig også gøre begge dele.

Hvis vi tager ansvar for vores tanker og begynder at tænke positivt, kan det faktisk både øge optimismen, forbedre humøret, reducere stress og gøre os til supermennesker, der kan klare alle udfordringer. Positiv tænkning kan også føre til højere selvværd, bedre problemløsningsevner og en motivation, der kunne få selv et dovendyr til at løbe maraton. Nogle siger endda, at positiv tænkning kan booste immunforsvaret og reducere risikoen for fysiske lidelser.

Når vi har selvkærlighed og selvtillid, bliver det nemmere at se muligheder i stedet for begrænsninger. Men hvis vi er vores egen værste kritiker og ikke kan lide os selv, vil positiv tænkning føles som at tvinge en kat til at tage et bad – det går bare ikke godt. Når vi prøver at kontrollere vores følelser og tanker uden kærlighed, kan det ende med at give os endnu mere ubehag. Positiv tænkning handler ikke om at tvinge os selv til at have glade tanker hele tiden og ignorere de dårlige. I stedet skal vi lære ikke at være bange for vores følelser og tanker og acceptere, at de er der, selvom vi fokuserer mest på de positive ting. Nogle gange er det også nyttigt at spørge os selv, hvorfor vi føler, som vi gør, og hvilken funktion følelsen har. Vi kan også finde ud af, hvilke tanker der skaber følelserne. Hvis vi ved, hvorfor vi har det, som vi har det, bliver det lettere at ændre på det.

Positiv tænkning er ikke en magisk kur, men en måde at skabe en sjovere og mere kærlig tilgang til os selv på. Når vi accepterer alle vores følelser og tanker, kan vi bruge dem som guider i stedet for at lade dem styre os. På den måde kan vi gradvist skifte fokus mod de ting, der løfter os op, og skabe et mere positivt livsperspektiv.

Vi kan ikke altid ændre vores livssituation eller de ydre omstændigheder, vi befinder os i. Men det fede er, at vi kan ændre, hvordan vi oplever dem. En negativ tanke som *"Du kan ikke"* vil forhindre dig i at tage skridt mod dine mål. Omvendt vil en tanke som *"Du kan godt"* give dig langt større mulighed for at opnå det, du vil, fordi du faktisk forsøger. Den ene tanke bringer dig tættere på målet, mens den anden holder dig tilbage. Hver tanke kan enten være en hjælper eller en hindring. Du er ikke dine tanker, og en tanke, der pludselig popper op, behøver ikke betyde noget. Den behøver hverken være rigtig eller forkert. Måske skal den bare have lov til at være der i et par sekunder, inden den forsvinder igen. Du er vidne til dine tanker og kan samtidig påvirke dem. Tanker skaber følelser. Tidligere troede man, at hjernen var færdigudviklet, når man blev voksen, og at det derefter var umuligt at ændre den. Men heldigvis ved vi nu, at hjernen formes af, hvordan vi bruger den - lidt ligesom med modellervoks.

Mit eget liv blev selv meget lettere, da jeg erfarede, at der ikke er noget, der som sådan er farligt eller forkert at tænke eller føle, og at mine tanker overhovedet ikke behøvede at være rigtige eller betyde noget. I stedet er det mere sådan en pop-up fra min underbevidsthed. Det er ikke mine tanker i sig selv, der er dårlige. Det er det, jeg vælger at gøre ved dem, eller det jeg vælger at lægge i dem. Jeg behøver ikke at lade mine tanker begrænse mig, og det gør du selvfølgelig heller ikke.

Hvordan vender vi skuden?

Som tidligere nævnt kan vi altså komme langt ved at være opmærksomme og nysgerrige på vores begrænsende tanker, overbevisninger og følelser. Bortset fra det kan vi få vendt vores generelle sindstilstand og vores negative tanker til positive ved at:

Øve taknemmelighed

Tænke og tale pænt om os selv

Være støttende og accepterende overfor os selv

Engagere os i fysisk aktivitet

Sætte realistiske mål

Tale med venner og familie

Tilbringe tid i naturen

Deltage i aktiviteter der bringer glæde

Så snart vi lærer at være støttende og accepterende samt tale pænt og tænke pænt om os selv, så sker der noget vildt - vi begynder helt automatisk også at tænke mere positivt om andre og om livet generelt.

20. Taknemmelighed

Hvis vi ikke er taknemmelige for noget, så lever vi et sølle liv! Det gider vi overhovedet ikke. Så i dette kapitel skal vi dykke ned i taknemmelighed som superkraft.

På mit nye arbejde trivedes jeg godt, fordi jeg generelt havde fået det godt. Når vi har det godt, trives vi overalt. Men dette arbejde passede også bedre til mig. Derudover havde jeg et tættere samarbejde med mine kolleger, hvilket gav mig en følelse af sammenhold. Dog vil jeg altid blive udfordret på min tålmodighed, når jeg arbejder sammen med andre mennesker, fordi jeg sommetider føler, det går for langsomt, og at der er for meget snak. Jeg er ret målorienteret og forsøger ofte at nå frem til en konklusion. Selvom jeg har det sådan, er jeg blevet bedre til at acceptere, at tingene kun går i mit eget tempo, hvis jeg arbejder alene. Og det kan hurtigt blive ensomt. Min forbedrede psykiske situation og jobskifte har gjort, at jeg nu glæder mig lige så meget til hverdagene som til weekenderne, og jeg føler ikke længere behov for at tage ferie fra min tilværelse. Selvom mit arbejde er alsidigt og spændende, ser jeg det ikke som hele min identitet. Jeg er meget mere end "bare" lærer, og jeg har stadig et stort behov for at blive stimuleret. Derfor har jeg fundet en masse ting og hobbyer, der giver mening for mig at lave ved siden af mit regulære job.

Mål

Da jeg endelig fik styr på mit selvværd og min selvkærlighed, åbnede det op for en masse mål og drømme for fremtiden. Hvor jeg tidligere var fuldstændig ambitionsløs, har jeg nu en masse ambitioner og drømme, som jeg arbejder hen imod. Tidligere følte jeg, at jeg spildte mine evner, men nu tør jeg bruge dem for at nå mine mål. Jeg er ikke længere bange for at fejle, og intet stopper mig fra at udnytte mit potentiale. Jeg vil mig selv det bedste og lader ikke begrænsende tanker stoppe mig i at opnå det. Udover at skrive bøger, holde foredrag og holde min træning ved lige, har jeg sat mig et mål om at blive økonomisk fri indenfor de næste fem år.

Det at have mål, drømme og ambitioner gør, at jeg føler mig i live på en helt anden måde end før. Der er utrolig meget tilfredshed og glæde i vejen mod vores mål. Det giver mening med tilværelsen – det at kæmpe sig hen imod noget som en ægte kriger med en fakkel i hånden. Jeg tør nu lytte til mine drømme og forfølge dem, fordi jeg har arbejdet på mit selvværd. Nu føler jeg, at jeg er værd at vinde i livet. Noget andet, der har hjulpet mig på den rejse, er taknemmelighed.

Taknemmelighed som superpower

Taknemmelighed kan faktisk være et overraskende kraftfuldt værktøj til at blive mere målrettet. Forestil dig taknemmelighed som en slags mentalt brændstof, der kan booste din motivation og fokus. Det fungerer sådan her:
Når du praktiserer taknemmelighed, skifter dit fokus fra det, du mangler, til det, du allerede har. Dette skaber en positiv sindstilstand, hvor du føler dig mere tilfreds og optimistisk. Du føler ikke længere, at du er i mangel på noget. Denne positive energi kan gøre det lettere at sætte klare mål og forfølge dem med beslutsomhed. Du bliver mindre tilbøjelig til at lade dig slå ud af små tilbageslag, fordi du allerede værdsætter de fremskridt, du har gjort.Taknemmelighed kan også forbedre dine relationer med andre. Når du udtrykker taknemmelighed over for kolleger, venner og familie, styrker det dine bånd til dem, hvilket kan give dig et stærkere støttesystem. Et solidt netværk af støttende mennesker kan hjælpe dig med at holde fokus på dine mål og give dig den nødvendige opmuntring undervejs. Desuden fremmer taknemmelighed tålmodighed og vedholdenhed. Når du sætter pris på de små sejre og de skridt, du tager mod dine mål, bliver rejsen i sig selv mere

tilfredsstillende. Det mindsker tendensen til at blive utålmodig eller give op, fordi du ser værdien i hver enkelt milepæl.

Kort sagt: Taknemmelighed hjælper med at skabe en positiv og støttende ramme, hvor du kan sætte og forfølge mål med større klarhed og beslutsomhed. Det giver dig et mentalt overskud, der gør dig mere modstandsdygtig over for udfordringer og mere motiveret til at nå dine ambitioner.

Hvordan?

Hvis du har en veludviklet kritisk sans, kan det sommetider stå i vejen for taknemmelighed. Du kan ende med at blive fejlfinder i jagten på perfektion. I mange år havde jeg selv svært ved at finde noget at være taknemmelig for. Hvordan kan man måske være taknemmelig, når man føler, man spilder sit liv og sine evner? Taknemmelighed og det med at kæmpe sig hen imod noget kan, som før nævnt, gå hånd i hånd.

Da jeg begyndte at fokusere på taknemmelighed, måtte jeg starte i det små. Jeg følte ikke, jeg havde noget at være taknemmelig for. Men ligegyldigt hvor skidt det hele ser ud, er der altid en grund til at være taknemmelig. Hver dag dør omtrent 167.000 mennesker. Vi er stadig i live, og vi har muligheden for at skabe det liv, vi ønsker. Det måtte jeg huske mig selv på mange gange, ligesom jeg måtte minde mig selv om, at jeg var utroligt heldig at have to arme, to ben, et godt helbred og et fantastisk barn. Ligegyldigt hvad jeg havde været igennem, ville jeg forsøge at bruge det til min fordel. Det var som at skrue op for en indre solskinssfære, der gradvist fyldte mit liv med lys. I virkeligheden er taknemmelighed en superkraft, der kan forvandle selv de allermest grå dage til nogle, der er meget lysere. Taknemmeligheden begyndte at smitte af på alle områder af mit liv. Jeg blev mere optimistisk, og det blev lettere at håndtere udfordringer. En kombination af taknemmelighed og selvaccept gjorde, at jeg begyndte at se muligheder i stedet for begrænsninger, og det gav mig modet til at forfølge mine drømme og mål med fornyet energi.

En rigtig god øvelse, der kan hjælpe med at være taknemmelig og forbedre dit liv er denne:

Skriv alle de ting ned, du er taknemmelig for, store som små. Hæng sedlen et sted, hvor du kan se den. Det kan eksempelvis være på køleskabet.

Start og slut dagen med at tænke på tre ting, du er taknemmelig over.

Du skal ikke undervurdere taknemmelighed. Det er godt at have en veludviklet kritisk sans, men ikke hvis du lader den få overhånd, så du forringer din livskvalitet. Vi er nødt til at sætte ind overfor de ting, vi kan ændre på og stoppe med at fokusere på de ting, vi ikke kan, hvis vi gerne vil have et tilfredsstillende liv.

Nu synes jeg, det er fedt at vågne op hver morgen, tage af sted på arbejde, være med til at gøre en forskel for andre og forme mit liv, som jeg ønsker det. At vågne op og vide, at jeg har en ny dag at udforske, gør mig glad. Jeg er generelt taknemmelig for hver dag, jeg er i live og kan deltage i dette spil. For det er lidt sådan, som jeg ser livet - som et spil. To gange i fortiden har jeg følt, at jeg har været ved at miste livet. Første gang var efter min første nedbrydende relation, hvor han truede mig med at slå mig ihjel. Anden gang var et par år senere, hvor jeg havde det så dårligt, at jeg overvejede at tage mit eget liv. Derudover har jeg set min fars liv ændre sig på et splitsekund. Jeg tror, det er en af årsagerne til, at jeg i dag endelig har nemt ved at være taknemmelig for de dage, jeg er her. Fordi jeg er opmærksom på, at livet kan være forbi om lidt. Jeg er ikke udødelig, og livet kan være slut i morgen. Livet er herligt - ligesom det var det, da jeg var barn.

21. Afklaring

Alle gode ting må slutte på et tidspunkt – men selvfølgelig ikke uden en værdig finale! Den kommer lige her. Så læn dig tilbage, og nyd afslutningen!

Det meste af livet har jeg skiftet mellem at føle, at jeg havde brug for afklaring i forhold til min IQ og at føle, at det var ligegyldigt. Jeg forsøgte nok at presse mig selv til at synes, at det var ligegyldigt, selvom jeg ikke helt syntes, at det var. Jeg følte bare, at jeg burde være sådan et menneske, der overhovedet ikke gik op i IQ, men i stedet i menneskelige kvaliteter. Jeg mener, en IQ burde da være ligegyldig, ikke? Det var i al fald det, jeg følte, at samfundet forsøgte at fortælle mig. Men som jeg har skrevet tidligere i bogen, kan man ikke bare skille begavelse og personlighed ad. Og jeg følte sommetider, jeg havde brug for et svar for endeligt at komme til at forstå mig selv. Især når jeg følte mig meget alene og anderledes, søgte jeg en årsag. Det var som at have en lille detektiv inde i hovedet, der altid var på jagt efter svar. Sommetider har jeg også bare haft brug for en årsag til, at jeg var, som jeg var generelt. Jeg følte, at jeg bedre ville kunne forstå mig selv, hvis jeg fik en afklaring på, om jeg virkelig var højt begavet. Hvis jeg bare vidste, om jeg var højt begavet, ville det være som at få en vejledning til at forstå mig selv bedre, og så ville jeg slippe for hele tiden at spekulere over, om jeg mon var det eller ej. Det var som at være i en evig identitetskrise. *"Er jeg virkelig så klog, eller er jeg bare god til at fake det?"* Jeg følte mig som en detektiv i en mysteriefilm, der prøvede at finde den manglende brik til puslespillet om mig selv.

Dunning Kruger-effekten

Jeg vidste, at jeg havde alle tegnene på høj begavelse. Men jeg vidste også, at folk generelt har en tendens til at overvurdere deres egen intelligens. Omkring 65% af folk mener faktisk, at de er mere begavede end gennemsnittet.[8] Man mener, at det skyldes Dunning Kruger-effekten, hvor personer med lavere evner inden for et område har en tendens til at overvurdere deres kompetence, mens dem med højere evner ofte undervurderer deres egen ekspertise. Denne tendens til at overvurdere egen intelligens skyldes ofte en mangel på metakognitiv evne – evnen til at vurdere egne evner nøjagtigt. Forestil dig, at en person, der knap nok kan koge vand, tror de er *MasterChef*. Det er Dunning Kruger-effekten i aktion.

Tænk nu, hvis jeg bare bildte mig selv ind, at jeg var langt mere begavet, end jeg i virkeligheden var? Noget andet jeg vidste var, at min far havde fået målt en virkelig høj IQ før sin hjerneblødning. Jeg kunne læse mange steder, at høj IQ ofte er arveligt, så der var jo i al fald en reel sandsynlighed for, at min IQ lå i den høje ende af skalaen. Men igen anede jeg ikke, hvilken test han overhovedet var blevet målt med, eller om jeg havde arvet noget som helst.

I mange år tillagde jeg IQ'en utrolig høj betydning for folks personlighed. Faktisk så høj, at man kunne argumentere for, at det var lidt overdrevet. Jeg prøvede at forstå, hvorfor folk var forskellige, og hvorfor de opførte sig, som de gjorde, ved at bruge intelligensen som målestok. Jeg havde en hypotese om, at den væsentligste årsag til folks opførsel var deres intelligens. En overgang tænkte jeg næsten, at det var det eneste, der afgjorde det. Dermed gjorde jeg intelligens utrolig vigtig i forhold til at forstå mig selv og min person og til at forstå andre. Problemet var også bare, at jeg ikke kendte min egen IQ. Derfor gik jeg bare og gættede, alt efter hvilket humør jeg var i. Forestil dig scenariet: Mig, der går rundt og prøver at gætte min egen IQ som en slags intellektuel detektiv. "Hmm, i dag føler jeg mig som en 120'er, men i går var jeg helt sikkert oppe på en 140'er!" Det var som et spil, hvor jeg forsøgte at finde ud af, hvor jeg passede ind på intelligensskalaen Hvis jeg kunne måle

---

[8] https://www.verywellmind.com/an-overview-of-the-dunning-kruger-effect-4160740

mig selv ud fra en IQ, ville det hele måske blive mere håndgribeligt, og tingene ville give mere mening. Det var lidt ligesom en psykisk syg, der søger at forstå sig selv ud fra en diagnose. Samtidig gik jeg bare og drømte om at møde mit IQ-match – den ene person, der ville forstå mig fuldstændigt. Jeg tænkte, at andre, der lå på præcis samme sted på IQ-skalaen, måske måtte være næsten ligesom mig, blot med nogle andre erfaringer i livet.

Hvis nu min IQ var over 130, kunne jeg i hvert fald komme ind i Mensa. Måske var det der, jeg kunne komme til at føle mig hjemme. Jeg havde godt nok følelsen af, at jeg højst sandsynligt også ville stikke ud dér. Jeg syntes ikke selv, at jeg var den typiske højtbegavede. Men samtidig havde jeg en fornemmelse af, at den gruppe mennesker ikke ville være lige så fordømmende, som mange andre mennesker kunne være.

Et åbent sind

Meget tyder også på, at de bedst begavede ofte har et mere åbent sind. En undersøgelse offentliggjort i "Personality and Individual Differences" fandt, at højere intelligens korrelerede med større åbenhed for oplevelser og intellektuel nysgerrighed.[9] En anden undersøgelse i "Journal of Personality" viste, at højtbegavede individer ofte scorer højere på træk som åbenhed og tolerance.[10] Det kan skyldes, at du som begavet typisk har en stærk nysgerrighed og et ønske om at lære nye ting. Denne nysgerrighed driver dig til at udforske nye ideer, kulturer og perspektiver. Din evne til kritisk tænkning gør dig til mester i at balancere flere synspunkter uden at lade dig rive med af fordomme eller snæversynede overbevisninger. Du ved godt, at sandheden sjældent findes i en enkelt bogstavkombination. Kreativitet er også en tro følgesvend, når sindet er åbent – det er her, de vildeste, mest innovative løsninger bliver født, fordi der ikke er nogen mentale mure, der kan stoppe dem. Når det kommer til at omfavne forskellige kulturer og oplevelser, er

9   https://www.verywellmind.com/kohlbergs-theory-of-moral-development-2795071
10 https://www.britannica.com/science/child-psychology

de begavede også ofte på første række. Det giver dem en bredere horisont og endnu større åbenhed. Til slut kan en af årsagerne til åbenheden være tolerance. Hvis du er en af de bedst begavede, udviser du generelt højere tolerance over for usikkerhed og ambivalens, hvilket betyder, at du er bedre til at håndtere komplekse og tvetydige situationer uden at ty til forsimplede eller dogmatiske løsninger. I virkeligheden hænger det lidt sammen med det, jeg skrev tidligere om, at du som godt begavet kan have sværere ved at nå frem til konklusioner. Det er blandt andet fordi, du kan føle, det er umuligt at nå frem til en konklusion eller holdning, hvis ikke du kender til alle detaljer. Desuden er personer med et åbent sind ofte villige til at revidere deres synspunkter i lyset af ny information. Det er svært at fastlåse en endelig konklusion, når du konstant er åben for nye perspektiver.

Frygt for IQ-tests

Jo mere vægt jeg lagde på IQ, jo mere rædselsslagen blev jeg ved tanken om at tage en ægte IQ-test. Bare ved tanken begyndte mit hjerte at hamre som en vildt slagen tromme, mine hænder blev svedige, og jeg blev halvsvimmel. Når det skete, overbeviste jeg mig selv om, at det heller ikke var så vigtigt. Jeg havde jo klaret mig fint i så mange år uden at kende min IQ. Hvad skulle jeg egentlig bruge svaret til? Jeg turde ikke gøre det. Jeg var bange for, at min verden ville vælte mere end den allerede havde gjort så mange gange før. Jeg vidste inderst inde godt, at det var tåbeligt og komplet ulogisk at give den test så meget betydning, men jeg følte, at der var meget på spil. Jeg havde endelig lært at acceptere mig selv fuldt ud. Hvad hvis jeg pludselig ikke kunne acceptere mig selv længere, hvis resultatet var helt ved siden af det, jeg troede? Hvis jeg havde fejlvurderet mig selv i så mange år, så kendte jeg jo overhovedet ikke mig selv.

Selvom jeg havde disse tanker, vidste jeg godt, at jeg ville acceptere mig selv lige så meget som før, uanset hvad svaret var. Jeg var på et sted i livet, hvor jeg var meget robust, og det skulle virkelig meget til at vælte mig omkuld.

Men det kunne godt blive lidt af en bombe. Hvis man lægger så meget i sin intelligens og begavelse, er det klart, at det endelige resultat kan være nervepirrende. Også selvom man ved, at en IQ-test kun er én måde at måle intelligens på og ikke fanger alle aspekter af en persons evner og potentiale. Man kan ikke måle alt på én test.

Til sidst bed jeg angsten i mig og tog blandt andet en Mensa-test, som anses for at være en af de mest pålidelige. Det føltes lidt ligesom at springe ud fra en klippe og håbe på at lande blødt, men jeg var nødt til at vide besked, så jeg ikke hele tiden skulle gå og lege gætteleg. Jeg tog også en "for sjov"-test på *Illustreret Videnskabs* hjemmeside. Sidstnævnte er naturligvis ikke lige så pålidelig eller præcis som de professionelle tests, men jeg ved, at den ofte giver nogenlunde samme resultat som en af de anerkendte tests. Derfor kan den være meget god til at give en nogenlunde indikation af, hvor man ligger. Den måler:

~ **Visuelle evner**: Evnen til at genkende og analysere visuelle mønstre og billeder.
~ **Sprogsans**: Forståelse og brug af sprog, herunder ordforråd og sproglig logik.
~ **Logisk sans**: Evnen til at ræsonnere logisk og løse problemer baseret på logiske sammenhænge.
~ **Talforståelse**: Forståelse af tal og evnen til at arbejde med numeriske data.
~ **Hukommelse**: Evnen til at huske og genkalde information.

For mig gav det ro at erfare, at jeg ikke har været fuldstændig skør, når jeg har tænkt, som jeg har tænkt, men at jeg faktisk har været nogenlunde god til vurdere, hvor jeg lå intelligensmæssigt - i hvert fald en del af tiden. På den anden side behøver jeg nu heller ikke spekulere så meget på det længere, og dermed behøver IQ og intelligens ikke fylde så meget i mine tanker. Det at jeg har fået svar har dæmpet min besættelse, og jeg forstår nu, at jeg har en høj IQ, men at jeg ikke blot er mit intellekt. Jeg ér mit intellekt, men jeg er også både mere og mindre end det. Jeg er mig. Jeg er kærlighed, frihed, glæde, lykke og begejstring, samtidig med at jeg også kan være det modsatte. Jeg er et spejl af det miljø, jeg befinder mig i. Jeg er et resultat af de tanker og følelser, jeg har, og det jeg vælger at gøre ved dem. Man kan forklare mig, samtidig med, at man ikke kan forklare mig. Det behøver aldrig være anderledes.

Du skal tro, du er noget!

Man skulle måske tro, at det er en drøm at være mere begavet end flertallet. Det er det måske også. Men sommetider føles det ikke sådan. I hvert fald ikke hvis du ikke har fået nok støtte eller har lært at bruge din begavelse til din fordel. Ensomhed og det at du kan se og forstå ting, som de fleste andre ikke kan, kan for mange føles som en belastning. Det gjorde det for mig selv i mange år, inden jeg nåede at omfavne det og lade være med at spænde ben for mig selv med min intelligens.

Højtbegavede er en minoritetsgruppe, som flertallet ikke fatter sympati for. Derfor vælger mange at tie. De vil ikke åbne op om den gave, de har fået, fordi det kan støde andre. Folk ser gerne, at du er ydmyg, og det harmonerer ikke særlig godt med at fortælle, at du er intelligent.

Hvis du pakker sig selv væk for at behage andre, så lever du ikke det autentiske liv, du kunne. At tale åbent om, at du er godt begavet, bør i princippet ikke være spor anderledes end at fortælle, at du lider af migræne, ordblindhed eller er god til at tegne. Det er et faktum, der hverken behøver at handle om arrogance eller blær. Du fortæller blot, hvem du er og hvorfor. Idéen om at vi alle skal være lige er såmænd god og fin. Men det er vi bare ikke. Og er det ikke også det, der gør os smukke og unikke? Nogle af os er høje, andre lave, nogle er modelsmukke og nogle af os er vilde med at spille fodbold. Nogle mennesker har nogle evner, som jeg aldrig kommer til at besidde. Vi er ikke ens. Men ligegyldigt hvem vi er, kan vi lige så godt forsøge at bruge vores individuelle styrker til vores fordel. Vi skal tro, vi er noget! Ligegyldigt hvem vi er, kan vi lige så godt forsøge at leve vores mest autentiske liv. Uanset hvem vi er, kræver det mod at være os selv og fortælle om det. Først og fremmest kræver det mod at mærke efter, hvem vi egentlig er, og hvad vores intuition siger. Dernæst skal vi have guts nok til at følge det. Men det er det hele værd i sidste ende, og jo bedre vi er til det, jo nemmere vil det også være at elske og respektere os selv.

På mange måder er der fordele i at ligne flertallet. Det misunder jeg sommetider, ligesom andre måske sommetider misunder mig. Men det er også fedt at være anderledes og sær, og det er fedt, at vi er helt unikke. Vi skal ikke lade andre tage vores særegenhed fra os. Derimod skal vi acceptere den og hylde den. Vi begår ingen fejl ved at være os selv, heller ikke selvom samfundet måske synes, at vi er lidt skæve i kanten. Når vi er os selv, slipper vi os selv fri. Når vi ikke længere kan kommes ned i samfundets kasser, og vi stopper med at forsøge at klemme os derned, kan vi tydeligt mærke vores sande natur. Når vi ikke kan kommes ned i nogen kasser, er vi frie - og så flyver vi.

Litteraturliste

Gardner, H. (2011). *Frames of Mind: The Theory of Multiple Intelligences*. Basic Books.

Gardner introducerer ideen om, at intelligens ikke er en enkeltstående egenskab, men at der findes forskellige former for intelligens, som påvirker vores måde at forstå og interagere med verden på.

Goleman, D. (1995). *Emotional Intelligence: Why It Can Matter More Than IQ*. Bantam Books.
Goleman udforsker, hvordan følelsesmæssig intelligens kan være mindst lige så vigtig somIQ, især når det handler om at navigere i sociale relationer og opnå succes.

Dweck, C. S. (2006). *Mindset: The New Psychology of Success*. Random House.

Dweck præsenterer begrebet "growth mindset" og forklarer, hvordan en åben tilgang til læring og udvikling kan hjælpe med at overkomme udfordringer og bruge sine evner effektivt.

Silverman, L. K. (2013). *Giftedness 101*. Springer Publishing Company.

En grundbog om begavelse, hvor Silverman gennemgår alt fra de kognitive og følelsesmæssige aspekter af at være højt begavet til hvordan man bedst støtter begavede børn og voksne.

Roeper, A., & Silverman, L. K. (2009). *Counseling the Gifted and Talented*. Love Publishing Company.

Denne bog dykker ned i de følelsesmæssige behov hos begavede individer og giver indsigt i, hvordan de bedst trives i hverdagen og i sociale sammenhænge.

Gladwell, M. (2008). *Outliers: The Story of Success*. Little, Brown and Company.

Gladwell udfordrer traditionelle opfattelser af succes og viser, hvordan både talent og omstændigheder spiller en rolle, hvilket er vigtigt at forstå for dem, der føler sig "anderledes begavede".

Tough, P. (2012). *How Children Succeed: Grit, Curiosity, and the Hidden Power of Character*. Houghton Mifflin Harcourt.

Tough undersøger, hvad der virkelig skaber succes for børn – ofte ikke kun høj intelligens, men også vedholdenhed, nysgerrighed og robusthed.

Wechsler, D. (1958). *The Measurement of Adult Intelligence* (4th ed.). Williams & Wilkins.

Som skaberen af Wechsler IQ-testen, giver Wechsler her indsigt i, hvordan intelligens måles, og hvordan forskellige aspekter af intelligens kan vise sig.

Dabrowski, K. (1964). *Positive Disintegration*. Little, Brown and Company.

Dabrowskis teori om positiv disintegration beskriver, hvordan mennesker gennem kriser og udfordringer udvikler sig – et centralt tema for mange begavede, der ofte oplever intense følelsesmæssige udfordringer.

Siaud-Facchin, J. (2016). *Too Intelligent to Be Happy? The Difficulties of Being Gifted*. Odile Jacob Publishing.

En bog, der belyser de udfordringer, der følger med høj intelligens, såsom isolation og følelsen af ikke at passe ind.

Cain, S. (2012). *Quiet: The Power of Introverts in a World That Can't Stop Talking*. Crown Publishing Group.

Cain diskuterer fordelene ved at være introvert, et karaktertræk, som mange begavede mennesker ofte har, og hvordan det kan blive en styrke.

Tomlinson, C. A. (1999). *The Differentiated Classroom: Responding to the Needs of All Learners*. Association for Supervision and Curriculum Development.

En praktisk guide til lærere om, hvordan de kan tilpasse undervisningen for at støtte både begavede og andre elever med særlige behov.

Rusczyk, R. R. (2006). *The Art of Problem Solving*. Aops Incorporated.

En bog, der udfordrer og engagerer begavede unge og voksne til at tænke kreativt og uden for boksen – en perfekt ledsager for dem, der ønsker at udvide deres intellektuelle grænser.

Robinson, K. (2009). *The Element: How Finding Your Passion Changes Everything*. Penguin Books.

Robinson inspirerer til at finde sin "element," altså det punkt, hvor ens passion og evner mødes, som en vej til at skabe et meningsfuldt liv.